*Ho scritto questo racconto più lungo del solito,
semplicemente perché non ho avuto il tempo
per farlo più corto.*

Blaise Pascal

Amato Russomanno

Essenzialità

Statale34

Titolo | Essenzialità
Autore | Amato Russomanno
Immagine di copertina | creata da Chiara Russomanno

ISBN | 978-88-91111-97-5

Youcanprint *Self-Publishing*
Via Roma, 73 - 73039 Tricase (LE) - Italy
www.youcanprint.it
info@youcanprint.it

E-mail autore: amatorussomanno@alice.it
Sito Internet: www.statale34.it

Dedica

Questo piccolo libro è dedicato alle madri.

Esse vivono l'essenzialità in maniera profonda e totale.
Lo fanno anche quando non sono in grado di definirla, non sanno che cos'è, e ignorano perfino il significato stesso del termine essenzialità.

In senso ampio è madre colei o colui che collabora alla nascita della vita, offrendosi come strumento per il compito, sublime e straordinario, di *mettere al mondo*.

Ogni volta che nasce una pianta, un animale, un uomo… una poesia, una musica… ogni volta che il nuovo si manifesta nel mondo… *lì c'è una madre*.

L'essenzialità della madre si esprime nella sintonia e nella comunione con la Natura, o come altri preferiscono dire, con Dio. Consiste nell'essere uno con Lei o con Lui, in quella funzione creativa, governata dall'intelligenza e dall'amore, che è propria dell'Insieme che tutti ci contiene, ci governa e ci fa vivere.

Madre significa Creazione

Basta guardarsi intorno per comprendere che la Vita è madre di se stessa, perché, creando senza sosta, continuamente si rigenera.

Anche il pianeta che ci ospita è una madre.

Ce lo rivela il profondo ascolto interiore di questa sequenza di suoni, vero e proprio frammento musicale di sei note:

… mater… materia… materra… mia-terra… terra… Terra…

Il suono delle parole non ci tradisce mai e ad esso possiamo sempre affidarci in piena fiducia e sicurezza.

È perché *la parola* è essa stessa una madre.

Nell'attimo in cui viene pronunciata, la parola smette di appartenere a colui che l'ha espressa. Cessa di essere figlia e diventa subito madre, cosicché incomincia a vagare per il mondo generando la manifestazione del significato che contiene.
Il suo suono, frutto del seme che l'ha generata e che la anima, raggiunge ogni aspetto della realtà, che risuona a sua volta, secondo il proprio stato e le proprie possibilità.

Una dedica individuale vorrei rivolgerla ad alcune delle persone che per me sono state madri, nel senso che hanno fatto nascere qualcosa di nuovo e di importante nella mia vita.

A Beatrice, per tutti Bice
... senza di lei, il suo incoraggiamento e i suoi suggerimenti, questo libro non sarebbe mai nato

A mia moglie Cati
... senza di lei non sarebbe nato l'amore e ora non ci sarebbero le mie figlie Francesca, Laura e Chiara

A mia madre Tarcisia
... senza di lei non sarei nato io e neppure mia sorella Maria Grazia e ora non ci sarebbe la mia nipotina Valentina

Ringraziamento

Il contenuto di questo libro è frutto degli incontri che negli ultimi quindici anni ho avuto con persone di ogni provenienza.

Incontri sempre animati dalla ricerca della verità e dal desiderio di comprendere la vita, le sue logiche misteriose e il disegno che collega nel profondo tutto ciò che in superfice appare separato. Questo intento condiviso ha creato fra i partecipanti momenti di vicinanza e di intimo contatto, permettendo loro di intuire un po' meglio, il senso e il valore di ciò che chiamiamo *umanità*.

Il numero di queste persone è veramente molto grande, ed è impossibile citarle tutte o anche solo ricordarle.

Moltissimi sono arrivati, molti sono partiti, pochi sono rimasti, nessuno è tornato.

A tutti loro va il mio più profondo e sincero ringraziamento.

Un ringraziamento speciale però, vorrei indirizzarlo ad alcune persone a cui mi lega un sentimento di vera amicizia, di intesa senza parole e di fratellanza basata su un amore solido, maturo e permanente.

Sono quei fedelissimi che ancora si incontrano con me sulla

Statale34

Capitolo 1

Al risveglio

Al risveglio

Al mattino, il suono della sveglia ci coglie immersi nel sonno.
Ci allontana dal mondo interiore dei sogni e ci spinge verso quello esteriore degli eventi.
Lo fa bruscamente e meccanicamente.
Poco dopo entra in funzione la macchina dei processi del vivere con i suoi automatismi e le pressanti richieste.
Si completa così il distacco dal mondo interiore, mentre

il mondo esteriore prende possesso del tempo

Nel seguito della giornata, il contatto col mondo interiore, se mai si verifica, è raro e momentaneo, e perfino il ricordo dei sogni, anche quelli che nel dormiveglia erano apparsi lucidi, autentici e rivelatori, svanisce.

Separati da noi stessi, viviamo consumandoci.
Accumuliamo stanchezza, istante dopo istante, finché, a sera, crolliamo esausti. A quel punto

il sonno e la quieta energia della notte
si assumono il compito della rigenerazione

Mentre dormiamo, è come se centinaia di amici e di fedeli servitori si affannassero, dentro di noi, a fare pulizia, gettando le immondizie dell'irrequietezza e dell'ansia, cacciando gli intrusi, espellendo il veleno delle emozioni negative, della maldicenza e della guerra. E così,

ricreando l'ordine interno,
ripristinano la vitalità

Forza ed energia sono disponibili all'alba del nuovo giorno che ci si offre col suo arcobaleno di possibilità.

È importante, allora, riuscirne a cogliere almeno una, in modo che il nuovo giorno sia veramente nuovo, e

**l'alba divenga, non solo la rinascita del sole,
ma anche la rinascita di noi stessi**

La cosa più comune, al risveglio, è invece quella di venire risucchiati dal flusso meccanico degli eventi, restando ciechi al nuovo e insensibili alla bellezza della vita, che viene spodestata dagli schemi della sopravvivenza.

Allora, la lotta regna sovrana e non resta spazio per nient'altro.
Emozioni negative, lamento, giudizio e altre espressioni non vitali e distruttive, fanno sì che l'energia, rigenerata dal sonno, si consumi quasi istantaneamente.
Riprende così la corsa verso la stanchezza che, alla sera, si concluderà lasciandosi alle spalle una giornata identica a quelle che l'hanno preceduta.

Come si vede, la coscienza di sé è più sveglia quando il corpo dorme, e più addormentata, quando il corpo è sveglio.

Non dovrebbe assolutamente essere così, ma accade, perché il sonno della coscienza è un sonno innaturale:

un sonno ipnotico

Restiamo ipnotizzati dal film proiettato nel mondo esterno. Oggetti, persone, luoghi, situazioni e accadimenti si susseguono senza sosta, sotto forma di immagini in perenne movimento. Ci raggiungono come impressioni sensoriali che penetrano dentro di noi, ci possiedono e prendono il controllo della nostra vita.

Questo accade proprio perché abbiamo perso il contatto con l'interiorità e l'essenza, cosicché

**distaccati dall'essere,
siamo travolti dal divenire**

È una distorsione del vivere che si verifica quando l'uomo è sveglio, ma la coscienza è addormentata.
Se però la coscienza si risveglia, la distorsione scompare e

l'essere si esprime nel divenire

Infatti, in termini generali,

**il divenire non è altro che
l'essere che si dispiega nel tempo**

Se il contatto col mondo interiore non si interrompesse, noi saremmo presenti a noi stessi e la coscienza, parzialmente sveglia nel sonno, lo sarebbe molto di più allorché il mondo le offre il cibo dell'esperienza.
Vedrebbe, nelle informazioni che le arrivano tramite i sensi,

**gli ingredienti da utilizzare
nella costruzione del senso della vita**

Al contrario, *quando il contatto col mondo interiore è assente, anche noi siamo assenti.*
Le impressioni sensoriali arrivano comunque, ma non c'è nessuno che le usa e che attribuisce loro un significato e una funzione. Così

**occupano spazio mentale,
ci invadono, e invece di servirci,
ci asserviscono**

I sensi dell'uomo assente perdono il loro senso.

Quando l'uomo non è presente, i sensi perdono il significato e la funzione. Il loro compito sarebbe di raccogliere i dati e sottoporli al vaglio della coscienza, ma se essa è addormentata, la via è libera, e ogni accesso è automaticamente autorizzato.
I sensi, diventando aperture senza filtro attraverso le quali entra di tutto, si trasformano in vere e proprie falle nell'integrità dell'uomo.

È questo lo **stato di sonno ipnotico** in cui la vita si impoverisce fino a diventare sopravvivenza: condizione in cui non c'è amore, gioia, volontà, creatività, unità, ma solo divisione, separazione, frammentazione, meccanicità, irrequietezza, bisogno e paura.

A quel punto la vita non può più essere creata, ma solo subita.

Ecco allora che il cammino per ritornare dalla sopravvivenza alla Vita può incominciare proprio al momento del risveglio.

Nel sonno, la coscienza di sé dimora totalmente nell'interiorità, ed è una con essa. È necessario che questa unità non si sgretoli passando per il processo del risveglio.
L'attenzione all'esterno non deve sostituirsi a quella interna, usurpandone il posto e la funzione, ma affiancarla e sposarsi con essa in un'unione armonica di funzioni complementari.

È utile, al momento del risveglio, *prendersi tempo e cura, indugiando nella percezione del dentro*, ascoltandosi e preservando l'energia interna, nella quantità e nella qualità.
È una energia pura che sgorga dal profondo e crea

**un'atmosfera interiore,
di natura essenziale, ricca di vita**

È un'atmosfera diversa per ognuno, ma contiene, spesso in abbondanza, attitudini positive e preziose per la vita, come calore, forza, fiducia, motivazione, coraggio, iniziativa, spinta creativa, accoglienza, tolleranza, mitezza, gratitudine, amore, pace.

Solo in seguito, con calma e con paziente gradualità, è opportuno aprire al mondo esterno.
Si tratta di un passaggio delicato, in cui bisogna che la nostra attenzione, pur rivolgendosi all'esterno, resti in collegamento con l'atmosfera interna.

Nell'attimo in cui riusciamo a far questo non è difficile accorgerci che si è prodotta una nuova attenzione, più lucida e profonda, che contiene *un'attenzione all'attenzione*.

Si tratta di una **attenzione globale** che, senza perdersi, si suddivide e si biforca lungo due direzioni: l'interno e l'esterno.
Rimanendo una, si rivolge e si applica, allo stesso tempo, a due distinte realtà.

**Nell'attenzione globale,
interiorità ed esteriorità si uniscono,
e l'uomo acquista una percezione unitaria di sé
e del mondo che lo circonda**

Percepisce se stesso, il mondo, e se stesso nel mondo.
Allora non vede più nel mondo una minaccia, ma la realtà benevola che lo tiene in seno e lo custodisce: l'entità vivente a cui egli, concepisce e percepisce di essere intimamente collegato.

In quel momento vive se stesso come parte di un tutto.

Si accorge che l'universo sconfinato, che un tempo temeva che lo schiacciasse con la sua grandezza, in realtà, lo nutre con amore. el

Inoltre lo sostiene, attimo dopo attimo, con un'intelligenza senza pari, in tutti gli aspetti della vita, compresi i più insignificanti.

Quando questo accade, l'uomo non si sente più separato e, in quell'istante,

**svanisce la paura e nasce la fiducia
o, come alcuni dicono, la fede**

A tutto ciò si accompagna un senso di pace.

In questa dimensione di unità e integrità, l'essere umano ha una stabile energia che si conserva e continuamente si accresce. Inoltre possiede un *io permanente* che lo rende capace di

**accogliere le esperienze del mondo,
traendo vantaggio e insegnamento
da tutto ciò che accade**

Questo *io permanente e presente* osserva, come già detto, tre realtà fuse insieme: sé stesso, il mondo esterno e se stesso mentre osserva il mondo esterno.

Così assume la funzione di

**un osservatore che vede tutto dall'alto
e non viene travolto dagli eventi**

È una condizione chiamata in vari modi da diverse tradizioni: vigilanza, autocoscienza, presenza, osservatore, integrità, ricordo di sé, vacuità, sé transpersonale, distacco … etc.

Ciò che conta è che essa ha a che fare con una più elevata qualità del vivere, tanto che a volte, e in contesti molto diversi, ci si è riferiti ad essa come alla **vera Vita.**

Conclusione

Ci siamo occupati della *magia dell'alba*, cioè della possibilità di

**mettere a frutto la vicinanza alla Vita
che si crea spontanea, al risveglio,
sotto l'influenza del sorgere del sole**

Per cogliere, praticamente e realmente, questa possibilità, bisogna costruirsi degli strumenti di lavoro semplici, chiari e concreti: piccole regole di comportamento quotidiano che, all'inizio sarà inevitabile dimenticare o trasgredire, ma che nel seguito, perseverando, si consolideranno e funzioneranno, regalandoci i loro doni preziosi.

Elaborare questi strumenti è un compito individuale, tuttavia, per non lasciare il discorso in sospeso, analizzeremo in dettaglio lo strumento fondamentale, già in buona parte descritto, che consiste nel *preservare la vitalità*.

Per gli strumenti successivi, o avanzati, ci limiteremo a indicare *linee guida e suggerimenti*.

Preservare la vitalità

Questo strumento si prefigge di preservare la vitalità presente in noi al momento del risveglio, non disperdendo l'atmosfera interiore e le attitudini, vitali e costruttive, che essa contiene.
Esso consiste di semplici comportamenti da mettere in opera in tre momenti: *al risveglio, nel corso della giornata, alla sera prima di addormentarsi.*

Al risveglio:

- mantenere il contatto col mondo interiore pur intraprendendo tutto ciò che si deve fare

- mantenere la percezione della vibrazione e dell'atmosfera interna in modo da disporre di una stabile energia

Nel corso della giornata:

- mantenere attivo l'osservatore e non cedere il proprio potere agli eventi, ma conservarlo grazie alla visione dall'alto

- utilizzare strategie per risvegliare l'osservatore quando si addormenta e per ripristinare il contatto col mondo interiore quando viene perduto

Alla sera prima di addormentarsi:

- rinnovare la fiducia nel domani

Anche se alla sera ci ritroviamo stanchi, perché gli eventi della giornata hanno finito per travolgerci, e sentiamo un senso di fallimento per non essere riusciti a tener fede ai nostri propositi, è importante aver presente e rinnovare l'idea che

nulla è perduto

Infatti, durante la notte, la nostra macchina biologica verrà riportata alle condizioni iniziali.

Riceverà un *reset*, un impulso di rinnovamento, cosicché all'indomani, al sorgere del sole, vi sarà un nuovo inizio, e tutto sarà di nuovo possibile.

È quindi importante addormentarci portando con noi la fiducia e il proposito che, all'alba del nuovo giorno, coglieremo le possibilità che ci verranno offerte, e non importa se il giorno precedente non ci siamo riusciti.

A questo scopo è utile tenere sempre presente l'importante eguaglianza:

alba = nuovo inizio = tutte le possibilità intatte

Linee guida e suggerimenti

Presupporremo che quanto descritto sia stato messo in atto in maniera costante, fino a diventare una modalità di funzionamento permanente, un'attitudine cristallizzata.
Ci ritroviamo così in possesso di una notevole vitalità, di una grande energia e di importanti attitudini costruttive.

È un risultato importante, a patto che sappiamo come utilizzarlo.
Infatti, come accade in ogni processo della vita,

**la fine è un nuovo inizio,
e l'arrivo è una partenza**

Allora serve uno scopo, un intento, un valore cui aspiriamo e che abbiamo la ferma volontà di perseguire. Esso diventa la destinazione del nostro prossimo viaggio e il nuovo significato di cui si incomincia ad arricchirsi e colorarsi la nostra vita.

Gli intenti possibili sono moltissimi, variano da individuo a individuo e possono appartenere a scale di valore molto diverse.
Ad esempio: essere felici, incontrare l'amore, guadagnare molti soldi, scrivere un libro, arredare una casa, perdere 10 kg… etc.

È per questo che il tema degli strumenti avanzati assume carattere individuale e deve essere calibrato sulla persona. Tuttavia esiste un importante aspetto comune:

**nessuno scopo è realizzabile
senza la padronanza di se stessi**

Essa è il presupposto indispensabile per il raggiungimento di qualunque obbiettivo e per il successo di qualunque azione.

**Acquisire la padronanza di sé
è l'intento primario alla base di ogni altro intento**

Quindi, prima di ogni altra cosa, ci occuperemo di diventare padroni di noi stessi.

Che cos'è esattamente la Padronanza di sé ?

**La padronanza di sé è la capacità permanente
di compiere azioni intenzionali**

Ovviamente nulla garantisce che le azioni intenzionali producano il risultato voluto, che dipende anche da fattori imprevedibili. Esse, semplicemente, ne aumentano la probabilità di riuscita che, altrimenti, dipenderebbe esclusivamente dal caso.

**Le azioni intenzionali
sono lo strumento per indurre il caso
a collaborare a realizzare il nostro destino**

Perseguire l'intenzionalità delle azioni, produce comunque un risultato importante: il miglioramento della conoscenza di sé, della padronanza di sé, e della propria efficacia nella vita.

Padrone di sé, è colui che possiede l'attitudine consolidata a compiere azioni corrispondenti alle proprie intenzioni, in ogni circostanza e in ogni istante del proprio vivere.

Costruire questa attitudine, appare un compito tanto grande da sembrare impossibile. Può nascere lo scoramento e il desiderio di alzare bandiera bianca dichiarando la nostra impotenza.

Tuttavia se consideriamo la vita umana come un susseguirsi di giorni, in media 30.000, possiamo distogliere l'attenzione dalla vita nella sua interezza e rivolgerla alla singola giornata.

Per diventare padroni di sé nella vita è sufficiente diventare padroni di sé nella giornata.
Saper vivere, significa cristallizzare l'attitudine a saper vivere ciascuno dei propri giorni.

Anche così, pur considerando l'intervallo temporale di 24 ore una dimensione con cui possiamo concepire di misurarci, il problema da affrontare sembra veramente difficile.

Ecco che allora ci viene in aiuto la saggezza di **Lao Tzu** che afferma:

**Il più grande problema del mondo
poteva essere risolto quando era piccolo**

Un problema è piccolo al suo nascere, al suo inizio.
L'inizio della giornata è il risveglio e sappiamo che in quel momento ogni possibilità è aperta e nulla è ancora compromesso.

Così siamo in grado di rispondere alla domanda accennata in precedenza:

Come utilizzare la ricchezza che ci si offre al risveglio?

Se vogliamo diventare padroni di noi stessi e affrontare il problema quando è piccolo, concludiamo che bisogna utilizzare la vitalità disponibile al risveglio, e la chiarezza che abbiamo al chiarore dell'alba, allo scopo di

progettare la nostra giornata

Progettare la nostra giornata significa, non soltanto stilare al mattino un elenco delle attività da svolgere, cosa che molti già fanno abitualmente, ma soprattutto,

**attivare le attitudini che governeranno
il giorno che sta nascendo**

Possiamo, ad esempio, decidere che la nostra giornata debba essere governata da un'attitudine di pace, perché la pace è una dimensione di inattaccabilità e di forza interiore, che sono preziose per l'efficacia del nostro agire.

Allora, al risveglio, nella chiarezza e nella pienezza del contatto con noi stessi, attiveremo *l'attitudine della pace*.
Essa è presente nel nostro mondo interiore, come un vestito lo è nell'armadio; potremo sceglierla ed indossarla durante tutta la giornata, esattamente come si fa con un abito.

Infatti c'è una legge della vita per cui,

**un nuovo inizio
nasce sempre nell'interiorità**

Durante il giorno cercheremo di mantenere l'attitudine scelta, e di riaffermarla continuamente, non cedendo alle tentazioni del conflitto e della guerra, del lamento e della maldicenza, della complicità e della ribellione, del rifiuto e della fuga e di tutte le attitudini che, contrarie alla pace, ci indebolirebbero inutilmente.

In più, ogni qualvolta consulteremo l'elenco delle cose da fare, ci ricorderemo di intraprenderle con l'atteggiamento di pace, forza e fiducia che abbiamo scelto e che dovrà diventare, nel tempo, l'impalcatura di sostegno e la cornice di riferimento di ogni nostro pensiero, emozione e azione.

Riassumiamo quindi il percorso descritto.

Preservare la propria vitalità

- *al mattino* rimanendo in collegamento con l'interiorità,

- *durante la giornata* mantenendo attivo l'osservatore,

- *alla sera* rinnovando la fiducia nel domani.

Una volta che questo comportamento sarà stato costantemente praticato, fino a diventare un vero e proprio stile di vita, potremo passare alla fase successiva, che è quella di incominciare a progettare la nostra giornata.

Progettare la giornata

Significa

- compilare l'elenco delle cose che si sceglie di fare

- eseguirle successivamente operando i necessari aggiustamenti

- attivare e coltivare le attitudini interiori destinate a governare la giornata e ogni attività che in essa si svolge

Quando tutto ciò si realizzerà, giorno dopo giorno, sempre di più, in un continuo affinamento del vivere, vedremo attenzione, costanza e volontà, fiorire progressivamente nella nostra vita fino al raggiungimento della padronanza di noi stessi.

La padronanza di noi stessi

Capiremo di averla raggiunta quando saremo consapevoli di *vivere totalmente immersi nel presente*.

Vivremo nella *gratitudine* per il sostegno che il passato ci offre e nella *fiducia* nei doni che il futuro ci porterà.

Saremo nel presente perché abbiamo smesso di fuggire altrove.
Bisogna comprendere che il presente svanisce ogni volta che ci si rifugia nel passato o ci si proietta nel futuro, e che il recarsi nell'uno, avviene per il rifiuto e la fuga dall'altro.
È la *paura del futuro* che ci spinge a rifiutarlo e a fuggirlo, rifugiandoci nel passato.
È un *dolore del passato*, non accettato perché non compreso, che, rifiutato ancor oggi, rinnova dentro di noi la sofferenza per ciò che è rimasto irrisolto. Per sottrarci ad essa, ricorriamo al potere dell'immaginazione e fuggiamo in un futuro inesistente.
In entrambi i casi il presente si dissolve e smette di esistere.

Un breve inciso sul dolore.

Il dolore fa parte della vita. È un evento del presente e dura un tempo limitato: il tempo che serve per la sua comprensione. Una volta compreso, cessa, perché ha svolto il suo compito, portando a termine con successo l'insegnamento che doveva impartire.

Se viene rifiutato, il processo della comprensione si blocca, e il dolore rinnova se stesso, riproponendo la lezione non appresa. Il rifiuto di comprendere il dolore, impedisce che esso se ne vada e fa si che si prolunghi in maniera innaturale e non necessaria.

Potremmo chiamare *sofferenza* questa continuazione artificiale del dolore.

Un buon esempio è quello di un uomo che riceve uno schiaffo.
Il dolore, per lo schiaffo ricevuto, dura pochi minuti, ma la
sofferenza che ne deriva può durare decenni. È perché la vittima
vede nell'accaduto un'ingiustizia che è impossibile comprendere
e di conseguenza la rifiuta.

**È la natura oscura dell'evento
che lo rende un'ingiustizia
e gli conferisce un potere così grande**

Se l'aggressore dicesse: "Scusami per lo schiaffo, ti avevo
scambiato per un'atra persona", in un attimo la sofferenza
cesserebbe. Possiamo concludere che

**la sofferenza è il prolungamento del dolore
che si produce rifiutandolo**

Emerge con chiarezza la distinzione che

**il dolore è della vita,
la sofferenza è della mente**

Il dolore è nel presente.
Comprendendolo, resto anch'io nel presente, e vedrò il dolore
estinguersi nel tempo necessario.
In seguito, per una legge di alternanza propria dell'esistenza,
vedrò la gioia emergere e prendere il posto del dolore.

Il rifiuto del dolore, è la fuga dal presente.
A causa del rifiuto entro nei meccanismi di negazione della mente
che mi portano nel passato o nel futuro.
Questa estraneità dalla vita è una condizione infernale che può
durare molto a lungo. Dura finché dura il rifiuto.

L'uomo che vive nel presente è nella presenza, l'uomo che vive nel passato o nel futuro è nell'assenza.

La presenza può contenere il dolore, che però ha carattere transitorio e finisce; l'assenza è colma di una sofferenza senza fine. Essa non cessa fino a quando non avviene il ritorno al presente e alla vita reale.

Riprendiamo il tema della *fuga dal presente*, che avviene rifugiandosi nel passato o fuggendo nel futuro.

Quando ciò accade, l'essere, o meglio il ben-essere, si interrompe e si crea una discontinuità, un vuoto di esistenza.

In questo vuoto dell'essere, prendono vita le proiezioni.

Sono i fantasmi del passato o gli spettri del futuro che, impossessandosi della nostra energia vitale, si animano e vivono una loro vita effimera e temporanea.

Vivono come parassiti a nostre spese, e noi, privati della nostra energia vitale e derubati della vera vita, sopravviviamo.

Come possiamo vivere continuamente nel presente?

Affinché il presente esista, e noi possiamo vivere pienamente, bisogna che il futuro e il passato si incontrino. Infatti il presente è semplicemente il punto di contatto, di passato e futuro.

Se essi non si incontrano e non si toccano, il presente non esiste.

Siccome il presente di cui stiamo parlando è il nostro, ne consegue che l'incontro deve avvenire per noi e dentro di noi.

Passato e futuro possono incontrarsi in noi, se li accettiamo e li ospitiamo entrambi, ma non possono se rifiutiamo uno dei due.

Non può accadere l'incontro se ci attacchiamo al passato perché temiamo il futuro o se fuggiamo nel futuro perché vogliamo cancellare e rimuovere il passato.

Se lo facciamo, passato e futuro resteranno separati dentro di noi e noi perderemo, non solo il presente, ma addirittura noi stessi.

Per questo motivo,

la via della presenza
é
la via dell'accettazione

Non appena l'accettazione della vita, nella sua totalità, avviene in noi, immediatamente passato e futuro si toccano e noi piombiamo nel presente appena ritrovato.

In quell'attimo la vera vita ci viene restituita.

Così benediciamo il passato che ci ha portato nel presente e siamo pronti ad accogliere il futuro che ci condurrà verso la prossima avventura che la Vita sta creando per noi.

Riflessione finale sulla felicità

Esistono molti libri che promettono di svelare il segreto della felicità. Queste pubblicazioni vanno a ruba perché tante persone sperano di impadronirsi di un segreto nascosto, che permetta loro di trovare la chiave magica della felicità.

Eppure non c'è nessun segreto, anzi tutto è molto ovvio e alla luce del sole.

Semplicemente si tratta di comprendere che

ogni uomo ha una sua profondità

Questa profondità, questo sentire profondo, coincide con ciò che egli è veramente al di là dell'educazione, delle abitudini, dei ruoli e delle convenzioni sociali. Stiamo parlando della sua natura essenziale che viene prima delle idee che egli ha del mondo, e perfino dell'idea e dell'immagine che ha di se stesso e che cerca incessantemente di dare agli altri.

La chiave della felicità consiste nel vivere in sintonia con la profondità, manifestando il significato della propria vita e le intenzioni che essa contiene, in modo da esprimere (premere fuori dal profondo) totalmente e semplicemente ciò che si è.

Perché allora l'uomo è quasi sempre infelice?

Perché, questa profondità, egli non la conosce e non conosce neppure le intenzioni che essa contiene.
Non sa chi è, e non sa che cosa vuole. Non sa perché vive e quindi sopravvive. Non c'è felicità nella sopravvivenza!

Si comprende bene il valore della saggezza antica quando afferma: *uomo, conosci te stesso*.
Ciò equivale a dire: scopri chi sei, che cosa vuoi e perché vivi.

Però se anche l'uomo sapesse ciò che vuole, non potrebbe realizzarlo e farne esperienza, senza la padronanza di sé.
Conoscenza di sé e padronanza di sé sono quindi entrambe indispensabili per una vita felice.

La felicità non è, infatti, qualcosa che si compra, o che si ottiene istantaneamente con un colpo di bacchetta magica, ma il risultato di un processo evolutivo che si costruisce gradualmente.

Esiste un cammino verso la felicità in cui essa si manifesta e si realizza per gradi, passo dopo passo. È un cammino che poggia su due pilastri essenziali, due compiti fondamentali, che devono essere coltivati parallelamente e costantemente:

la conoscenza di sé e la padronanza di sé

Quanto più l'uomo progredisce su questa via, tanto più la sua paura si dissolve. Contemporaneamente egli sente la vita scorrere dentro di lui con una pienezza sempre maggiore e con un apporto di energia, pace, forza, gioia e vitalità fino ad allora sconosciuti.

È perché, dentro di lui, al dissolversi della paura, l'amore ha ripreso a fluire più liberamente e a svolgere il suo compito di sorgente di vita. Infatti

**il compito dell'amore
è infondere la vita
a tutto ciò con cui entra in contatto**

Capitolo 2

L'amore che infonde la vita

L'amore
che infonde la vita

Come si fa a tenere le cose insieme?
Come mantenere in vita ciò che per noi è importante?
Come preservare la vita che già esiste?

È una domanda che si applica a tutto.
Supponete di essere arrivati a un risultato o a una situazione che funziona, ha valore e vi soddisfa.

Può essere una casa che si mantiene ordinata, un orto che produce tanta verdura, una carriera in cui vi sentite realizzati, una relazione sentimentale che vi appaga, una famiglia serena, una compagnia di buoni amici, un'azienda che guadagna, una squadra che vince, un team di ricercatori che fa scoperte importanti… tutto quello che volete.

Dato che la situazione vi soddisfa, di certo vorrete migliorarla ulteriormente, migliorarla il più possibile.
Eppure, spesso accade che peggiori, e può peggiorare fino al punto di distruggersi. Perché?

Come avviene che una situazione muoia
anche se vogliamo che viva e si sviluppi?

Certamente esiste l'influenza delle circostanze esterne, ma vi è una parte, spesso molto grande, che dipende da noi.

È molto importante conoscerla e comprenderne il funzionamento.

Infatti, a differenza delle circostanze esterne, essa può essere indirizzata dalla volontà, a patto ovviamente, di averne conoscenza e consapevolezza.

Per approfondire sono necessarie altre domande.

In che modo quel risultato che vorrei conservare e sviluppare, è stato costruito?

Che cos'è che gli ha dato vita e tuttora lo sta mantenendo vivo?

Se rispondo a queste, so rispondere anche alle domande iniziali, perché è chiaro che se smetto di nutrire quel risultato con ciò che l'ha creato e lo fa vivere, sicuramente incomincerà a degradare.

Ho solo un certo tempo per riprendere a nutrirlo e, se non lo faccio, morirà. È come un organismo che, senza cibo, dapprima consuma le sue riserve, poi si indebolisce e infine muore.

È tanto ovvio da risultare banale.

Nel camino, dopo averlo acceso, se non continuo a metterci la legna, la fiamma diminuisce fino a spegnersi.
L'orto, dopo averlo realizzato, se non continuo a curarlo e tenerlo pulito, si riempirà di erbacce, non darà più ortaggi e diverrà indistinguibile da un qualunque campo incolto.
La casa, dopo averla pulita, anche se non la sporco perché vado in vacanza, al ritorno la troverò piena di polvere.
Le spese, senza una disciplina e delle strategie orientate a contenerle, automaticamente aumenteranno.
Le abilità, senza esercizio e costante allenamento, diventeranno sempre meno efficienti.
Le relazioni, se non coltivo occasioni sempre più profonde di scambio, si affievoliranno e si produrrà un allontanamento.

Giungiamo all'inevitabile conclusione che

ogni situazione, abbandonata a se stessa, degrada

Più precisamente ogni risultato viene creato dando un'attenzione e incomincia a deteriorarsi quando quell'attenzione viene rimossa.

Ma perché l'attenzione è così importante?

Perché l'attenzione non è altro che il momento iniziale di un atto d'amore: è il piccolo invisibile inizio di un atto d'amore.
In termini generali posso dire che

**faccio vivere, quando do amore
e lascio morire, quando tolgo l'amore che avevo dato**

Perché mai dovrei decidere di togliere l'amore che prima avevo scelto di donare?

Nessuno lo decide: semplicemente accade, inconsapevolmente. Accade senza volontà, ma non senza responsabilità. Infatti

togliere l'amore incomincia col togliere l'attenzione

così come il dare amore era cominciato col portarla.

Togliere l'attenzione, a sua volta, incomincia, silenziosamente e invisibilmente, a partire da piccoli pensieri di separazione che sembrano innocenti, innocui, insignificanti e privi di importanza. Invece sono negativi e distruttivi, perché svolgono la precisa funzione di separare e creare divisioni, barriere, fratture e conflitti.

Quella di dividere è una sottile tentazione, sempre presente nella mente, ed è all'origine delle sofferenze umane.

Diavolo deriva dal greco *diabolos* e significa *colui che divide*. Quando ci riesce, crea l'inferno. Quando però la coscienza dell'uomo, mossa dall'amore, ricostruisce l'unità, allora, l'inferno si dissolve e svanisce. Si comprende quindi che

l'inferno è un'illusione della mente

In sé è priva di realtà, mentre la sofferenza che produce è assolutamente reale. In altri termini è una trappola diabolica.

I pensieri di separazione incominciano sempre con la parola "io", e hanno il potere di allontanarmi dal valore che volevo coltivare. Mi separano da quel paradiso, a cui avevo partecipato, amandolo di un grande amore, ma che ora, affievolendosi l'amore, si sta inevitabilmente dissolvendo. Infatti, l'amore o

l'alimenti, e cresce,

arricchendo tutto ciò a cui aveva dato vita, o

smetti di alimentarlo, e diminuisce,

lasciando che ciò che prima aveva vivificato, inizi a disgregarsi. È così per una legge di funzionamento della vita.

L'amore è l'attitudine a creare il movimento

È una forza che, unita a un'intenzione, crea

**il flusso di perenne cambiamento
che chiamiamo vita**

Dante parla di *amor che muove il sole e le altre stelle*. In questo modo ci indica che

**l'amore, non solo è la sorgente della vita,
ma ne è anche il sostegno**

L'amore, non solo è l'energia che crea la vita e la fa nascere, ma è anche l'energia che la sostiene e la fa continuare a vivere.

Se applicate l'amore ad una possibilità, essa si manifesta nella realtà e nasce alla vita, ma se poi lo togliete, quella vita appassisce, muore e scompare dalla realtà.

Dar vita alle possibilità è la funzione dell'amore,

e *non dovremmo mai togliere l'amore, se non vogliamo assistere alla morte di ciò che avevamo messo al mondo.*

Una *similitudine con la fisica* può agevolare la comprensione.

Una forza applicata a un corpo gli imprime un'accelerazione.
Se la forza viene rimossa, l'accelerazione si annulla, e il corpo continua a muoversi per inerzia di moto rettilineo uniforme. Si muove cioè in linea retta, a velocità costante, senza cambiamenti. Continua così finché non sopraggiunge una nuova forza.

L'amore applicato ad una situazione, le infonde una nuova vita.
Se togliamo l'amore, la nuova vita cessa, e quella situazione continua ad esistere nella sopravvivenza che è l'immutabile ripetizione degli schemi del passato, senza alcun rinnovamento. Continua così finché non arriva un nuovo amore.

La bella addormentata nel bosco è una bellissima favola che esprime, in modo poetico e simbolico, il concetto appena esposto.

Una principessa giace addormentata nel bosco a causa di un incantesimo. Per molti anni, intorno a lei scorre la vita, si rincorrono le albe e i tramonti, si alternano le stagioni, cinguettano gli uccelli, e giocano gli scoiattoli.
Lei giace ignara di questa bellezza che le vive intorno.

È il tema dell'uomo che, immerso in un sonno ipnotico, è insensibile alla vita, alla bellezza e alle possibilità che contiene.

Un giorno però arriva l'amore.
Assume le vesti di un principe azzurro che vede la bella addormentata, si innamora di lei e le da un bacio.
Quel gesto libera dall'incantesimo la principessa, che si risveglia, ricorda le sue origini regali e rinasce alla vita.
Nella nuova vita, riprende il suo posto nel mondo, unita al suo sposo e amata da genitori e sudditi.
E da quel giorno... vissero tutti felici e contenti.

Infatti l'amore unisce sempre ciò che in precedenza era diviso.

L'ultima cosa da comprendere, ed è la più importante, è che

quando facciamo vivere e crescere
qualcosa fuori di noi,
facciamo vivere e crescere
qualcosa anche dentro di noi

Al contrario, quando togliendo l'amore, lasciamo morire qualcosa fuori di noi; anche dentro di noi, qualcosa morirà.

Facendo vivere ci facciamo vivere,
lasciando morire ci lasciamo morire

Sul questo tema del morire e del lasciar morire, Marta Meideiros, poetessa brasiliana contemporanea, ha scritto una poesia molto bella dal titolo *Lentamente muore*.

Ne riporto i versi più strettamente inerenti al nostro tema: essi ci ricordano che *essere vivi richiede uno sforzo* e che *l'ardente pazienza* è la via che ci porterà ad una vita felice.

Lentamente muore

Lentamente muore
chi diventa schiavo dell'abitudine,
ripetendo ogni giorno gli stessi percorsi,
…
Muore lentamente chi evita una passione,
…
Lentamente muore
chi è infelice sul lavoro,
chi non rischia la certezza
per inseguire un sogno,
…
chi non trova grazia in se stesso.
…
Lentamente muore
chi abbandona un progetto
…
Evitiamo la morte a piccole dosi,
ricordando sempre che essere vivo
richiede uno sforzo
…
Soltanto l'ardente pazienza porterà
al raggiungimento di una splendida felicità.

Capitolo 3

La conoscenza di sé

La conoscenza di sé

Quanto mi conosco?

Mi conosco tanto quanto le cose che faccio sono quelle che voglio, e non mi conosco, tanto quanto non sono quelle che voglio, ma quelle che mi accade di fare.

La domanda non è astratta o filosofica: è concreta e diretta.
Per rispondere serve l'osservazione sincera di me stesso, della mia vita e del modo in cui continuamente mi muovo.
Se non mi conosco, non conosco neanche le mie azioni e allora è molto difficile che esse producano il risultato voluto.
Tuttavia, in questo contesto, non siamo interessati al risultato delle azioni, ma alla loro natura e qualità. Esse possono sicuramente rivelarci qualcosa di noi.

Le azioni che compio corrispondono al mio intento?
Sono veramente in armonia col mio essere?
Mi capita di pentirmi delle mie azioni?

Certamente, uno che si conosce, non si pente.
Anche se gli eventi gli mostrano di aver compiuto un'azione sbagliata, non si pente perché ha fatto ciò che riteneva giusto secondo la sua comprensione del momento.
Non si pentirà mai se ogni volta che fa una cosa, è esattamente quella che aveva in animo di fare.
Un uomo così, grazie agli errori commessi, diventerà consapevole dei propri limiti e potrà superarli, perché non vivrà quei due grandi ostacoli al cambiamento che sono il senso di colpa e la giustificazione.

Se invece è la situazione a prendergli la mano e, portandolo in una direzione indesiderata, lo spinge a tradire se stesso e a compiere azioni non volute, allora, sicuramente, avrà molto di cui pentirsi.

Anche così potrà imparare delle cose importanti.

Prima fra tutte il fatto che la padronanza di sé è una virtù che ancora non gli appartiene.

Secondariamente che anche molte altre capacità che egli si attribuisce non possono appartenergli completamente perché

**senza la padronanza di sé,
nessuna capacità può esistere pienamente**

Allora può comprendere che ogni volta che si è attribuito con sicurezza una capacità, ha mentito a se stesso.
E ogni volta che ha vissuto il fallimento, ha dovuto incolpare le circostanze o gli altri, visto che considerava certa la sua capacità.
E così ha mentito una seconda volta.
Il peggio è che ha perso l'occasione di imparare dal suo insuccesso.

Così, ora, può rendersi conto che è giunto il momento di smettere di mentire e che è di gran lunga meglio cercare di acquisire, dapprima la conoscenza di sé, e poi, la padronanza di sé.

Un'altra lezione che potrà imparare è quella di incominciare a giudicare meno gli altri.

Infatti, se non conoscendosi, ha potuto compiere azioni che non corrispondevano alle sue intenzioni, ciò è sicuramente accaduto anche ad altri.

I nemici che ha incontrato, gli ingrati che non lo hanno ricambiato, gli arroganti che lo hanno umiliato, i cattivi che lo hanno ferito, i mostri che lo hanno perseguitato… forse non sono tutto questo… forse sono solo persone che non si conoscono: esattamente come lui!

E così al sentimento di inimicizia potrebbe sostituirsi un sentimento di comprensione. Per molti è un cammino difficile che richiede tantissimo tempo e può essere percorso solo in maniera graduale, a piccolissimi passi. Comunque è ad esso che Gesù si riferisce con la frase: *Amate i vostri nemici.*

È un compito possibile perché

**i nemici sono tali
solo all'interno degli schemi limitati
della nostra mente**

**Sono nemici secondo una rappresentazione della realtà,
costruita dentro di noi
a partire da presupposti, categorie e definizioni
cui abbiamo scelto di credere
o a cui siamo stati educati a credere**

E allora, con maggiore precisione, possiamo concludere che

**i nemici nascono, esistono e vivono,
solo all'interno di un sistema di credenze**

Per comprendere cos'è e come si forma un sistema di credenze, è necessario prendere in esame alcuni aspetti del funzionamento della mente umana.

L'uomo si rapporta col mondo attraverso i sensi.

Grazie ad essi riceve informazioni da ciò che lo circonda.
La mente decodifica i dati sensoriali, li elabora e li utilizza allo
scopo di costruire una *rappresentazione della realtà.*
Si tratta di un'interpretazione, *un'ipotesi sulla natura della realtà
che non può, in alcun modo, essere considerata la realtà stessa.*

Moltissimi uomini non tengono in alcun conto questa sottile, ma
importantissima distinzione. Credono in ciò che vedono e solo in
quello. Non si rendono conto che ognuno vede solo ciò che la sua
mente è programmata e predisposta a vedere. Nessuno vedrà mai
una cosa che non può concepire: la guarderà, ma non la vedrà o,
pur guardandola attentamente, vedrà altro. Detto semplicemente:

** noi vediamo cose che altri non vedono
e non vediamo cose che altri vedono benissimo **

È facilissimo, poi, smontare la presunzione di oggettività della
mente umana. Basta osservare che la realtà è una, ma le
interpretazioni che gli uomini ne danno, e costruiscono con le
loro menti, sono innumerevoli. Ne deriva che sono tutte
interpretazioni incomplete e soggettive.

A questo punto è necessario introdurre la **distinzione tra
conoscenza e credenza**.

Una conoscenza è un'ipotesi ritenuta vera, perché verificata

Si tratta di una conoscenza soggettiva. Infatti, è il soggetto che
esegue la verifica e ne decide l'esito, ed è lui che ha scelto che
cosa intende per verifica. Comunque la intenda, la verifica è
importante perché è un'azione concreta che ha legami con la
realtà e col vivere, e che contiene sempre un'esperienza.

46

Le verifiche hanno un valore reale per colui che le compie poiché, grazie alle esperienze che comportano, egli cresce, si evolve e sviluppa capacità e potenzialità. Ciononostante le conoscenze che ottiene, non possono che essere soggettive.

Digressione sul pensiero scientifico.
Allorché gli uomini si incontrano, la soggettività delle loro conoscenze rende difficile la comprensione reciproca. Vi sono pochi riferimenti condivisi e non vi è un linguaggio comune. Regna una *confusione delle lingue* che discende dalle differenti letture che essi danno della realtà. Questa incomunicabilità crea difficoltà nella convivenza. Ciò ha spinto l'uomo a cercare un metodo, per ottenere conoscenze che si potessero condividere, in modo da permettere dialogo, comprensione e collaborazione. Così fu inventato il metodo scientifico. Questo metodo funziona molto bene e raggiunge spesso gli scopi per cui è stato pensato. In particolare permette di condividere alcune conoscenze, ma in cambio paga un prezzo molto alto, che è quello di ridurre il suo campo di indagine ad una classe di fenomeni molto ristretta: quelli ripetibili e riproducibili a piacere. Essi sono però una parte minima della vita e così l'amore, la bellezza, l'arte, la creatività, la gioia, la pace, la visione, il mistero… restano, per definizione, fuori dal campo della scienza. Perfino la cosmologia, che è lo studio dell'universo e si avvale di tutte le conoscenze scientifiche esistenti, non è una scienza, perché la nascita e l'evoluzione dell'universo, avvenendo un'unica volta, non sono ripetibili. Neppure la psicologia, la medicina, l'economia, e molte altre attività umane, possono definirsi scienze. Il metodo scientifico quindi è in grado di esplorare solo un frammento piccolissimo della vita. Per la verità, la fisica agli inizi del 900 è stata profondamente scossa nelle sue fondamenta, e, da allora, ha incessantemente cercato di sviluppare metodi e concezioni che la avvicinassero alla vita, tanto che ha finito per riconoscere alla coscienza un ruolo fondamentale nella costruzione della realtà.

Comunque la presente digressione si è resa necessaria per ricordare che esistono sì delle conoscenze scientifiche oggettive, ma che, per la stragrande maggioranza dei fenomeni della vita, è tuttora possibile soltanto una conoscenza soggettiva.

Abbandoniamo ora il piccolo mondo della scienza, e ritorniamo nell'immenso mondo della vita, per proseguire con la distinzione tra conoscenza e credenza.

Una credenza è un'ipotesi ritenuta vera senza alcuna verifica

La credenza non è, in alcun modo, una conoscenza, non è legata alla realtà e non implica nessuna esperienza.
Le cause da cui traggono origine le credenze sono svariate e sono tutte riconducibili a malfunzionamenti della mente umana come superficialità, approssimazione, pigrizia mentale, influenzabilità, tendenza al pregiudizio, all'illusione…etc.

Vi è però una causa molto diffusa, che è di gran lunga la più importante, perché riveste un ruolo fondamentale nella vita umana: *la paura*.

La paura è una condizione di grandissimo disagio interno, per sfuggire al quale, la mente dell'uomo si proietta verso l'esterno.
Più precisamente distoglie l'attenzione dall'interno e la rivolge all'esterno proiettando la paura su persone, eventi e situazioni.
Questa proiezione si esprime in giudizi e in pensieri di negazione e opposizione che la mente impugna come se fossero armi.

È facile riconoscere che

**molte credenze non sono altro che
paure travestite da certezze**

Operando una semplificazione estrema, certamente inaccurata, ma assolutamente efficace, possiamo affermare:

conoscenza = amore
credenza = paura

Per essere completa, questa semplificazione deve includere una seconda uguaglianza:

amore = apertura
paura = chiusura

Serve ora un breve accenno a due importanti modalità con cui la mente elabora i contenuti della memoria: le chiameremo **associazione** e **ripetizione**.

Grazie all'associazione, la mente prende i dati e li collega; tramite la ripetizione, rafforza il collegamento creato che così diviene più stabile e si consolida.

Le conoscenze e le credenze sono anch'esse dati contenuti in memoria e come tali vengono trattati.

Tramite l'associazione, molte conoscenze vengono assemblate in un insieme di conoscenze che, con associazioni successive, può ampliarsi molto.
Esso, una volta consolidato grazie alla ripetizione, diventa un insieme ben organizzato e capace di un funzionamento organico.

A quel punto merita il nome di **sistema di conoscenze**.

Anche le credenze, allo stesso modo, possono unirsi e dar luogo ad un **sistema di credenze**.

Un sistema ha il compito di sistemare e organizzare i dati.

Un sistema di conoscenze o di credenze è in grado di sistemare e inquadrare un grandissimo numero di fatti e quindi può funzionare in maniera ampia, interpretando una fascia molto estesa della realtà.

Tuttavia i sistemi di conoscenze e i sistemi di credenze, simili nel modo di operare e poco distinguibili in superficie, sono assolutamente diversi nella profondità del significato e nei risultati che producono.

Un sistema di conoscenze è un mondo aperto.
Un sistema di credenze è un mondo chiuso.

Un sistema di conoscenze vuole espandersi e, quando incontra *lo sconosciuto*, desidera comprenderlo e includerlo, perché vede in esso una possibilità.
Un sistema di credenze vuole conservarsi immutato e, quando incontra *lo sconosciuto,* desidera escluderlo perché vede in esso una minaccia.

Un sistema di conoscenze vuole conoscere sempre di più.
Un sistema di credenze sa già tutto.

Un sistema di conoscenze tende all'evoluzione.
Un sistema di credenze tende all'involuzione.

Un sistema di conoscenze è animato dall'amore e si espande nella luce della conoscenza.
Un sistema di credenze è bloccato dalla paura e si consuma nell'oscurità dell'ignoranza.

Incontro di sistemi di conoscenze

Allorché un sistema di conoscenze si imbatte in un altro sistema di conoscenze, vi è un incontro. L'incontro può contenere malintesi, difficoltà e attrito, ma nessuno dei due sistemi si sentirà negato dall'altro, anzi, vedendo nell'altro una possibilità di sviluppo, si sentirà affermato e confermato.
Così, entrambi animati dal desiderio di conoscere e capaci di mediazione, arriveranno a fondersi in un unico, più ampio sistema di conoscenze.
Esso sarà caratterizzato da conoscenze che vanno oltre la somma di quelle dei due sistemi e vivrà una nuova vita che supera quella di ognuno dei due.

Scontro di sistemi di credenze

Allorché un sistema di credenze si imbatte in un altro sistema di credenze è scontro.
Ogni sistema di credenze ritiene se stesso una realtà solida, necessaria e inconfutabile, invece di una delle tante creazioni, limitate e spente, prodotte dalla paura.
Per questa ragione vede nell'altro la propria negazione.
Così entrambi, sentendosi minacciati nella loro sopravvivenza, arriveranno a combattere una guerra senza quartiere, né tregua, fino alla completa distruzione di uno dei due.

All'interno di un sistema di conoscenza, vi è un terreno d'amore ove possono attecchire i semi dell'amicizia, così si vedranno *amici apparire ovunque*.

All'interno di un sistema di credenze esiste un terreno di paura ove possono attecchire i semi dell'inimicizia, così si vedranno *nemici spuntare da ogni parte*.

**Sistema di conoscenza e sistema di credenza:
incontro o scontro?**

Esaminiamo il caso in cui entrino in contatto un sistema di
conoscenze e un sistema di credenze. *Che accadrà?*

Il primo vedrà nel secondo una possibilità, il secondo vedrà nel
primo un nemico. È esattamente ciò che ci si deve aspettare in
base alle loro caratteristiche. Entrambi però si accorgeranno di
essere di fronte ad un compito estremamente difficile.

Il sistema di credenze penserà che la guerra è molto dura e
difficile da vincere, perché il nemico è misterioso e si muove
secondo logiche incomprensibili e modalità imprevedibili.

Il sistema di conoscenze penserà che costruire l'incontro è
difficilissimo perché l'altro non concede nessuna possibilità di
contatto e continuamente distrugge quelle che gli vengono
offerte.

Con energia rinnovata, il sistema di conoscenze continuerà a
cercare l'incontro, mentre il sistema di credenze continuerà a
cercare di scatenare la guerra.
L'incontro non ci sarà e lo scontro sarà sempre in agguato.

Non vi è soluzione se non in una trasformazione.

Spetta al sistema di conoscenze intraprendere la trasformazione.
Infatti, dei due è l'unico che può comprendere l'altro e comunque
è solo il maggiore che può includere il minore.
Inizierà quindi da se stesso, imparando ad evitare continuamente
la guerra e coltivando, nel contempo, l'aspirazione alla pace.
Questo ideale lo porterà a interrogarsi sulle cause della guerra e
sulle ragioni che impediscono la pace.

Cercherà così di comprendere il sistema di credenze, la sua prospettiva e la realtà che esso vive e in cui si muove.

Ciò lo porterà a crescere in comprensione e compassione, fin quando sboccerà in lui l'idea del bene comune.

Questa idea può perfezionarsi, e diventare talmente grande e potente, da includere nel bene comune anche chi si comporta come un nemico.

Da allora le strategie saranno orientate, oltre che a conservare la pace, anche ad aprire le porte della comunicazione. Ciò può essere l'inizio dell'incontro, dello scambio e della reciproca comprensione. Facendo tutto ciò,

**il sistema di conoscenze
diventa anche
un sistema di pacificazione**

Il sistema di conoscenze, con la propria trasformazione ed evoluzione, rende possibile anche quella del sistema di credenze.

È un argomento avanzato, molto ampio, delicato ed estremamente importante per la vita dell'umanità, perché collegato con la natura della Pace. Occuparcene ci porterebbe troppo lontano.

Siccome però, ho affrontato questo tema in un altro libro dal titolo *Lo Stratega*, appartenente, come il presente, alla collana **Statale34**, rimando ad esso chi desiderasse approfondire.

Qui ci limitiamo ad osservare che Gesù afferma (Mt 5,9):

Beati i pacificatori perché saranno chiamati figli di Dio

indicandoci che la pacificazione è un passaggio indispensabile lungo il cammino di evoluzione che porta dai molti all'Uno.

Non vorrei terminare queste considerazioni sui sistemi di conoscenza e di credenza, senza porre due domande che mi sembrano molto importanti.

La nostra tradizione afferma che *la storia è maestra di vita.* Eppure esaminando la storia umana in ogni epoca e sotto qualunque latitudine non sembra facile riuscire a trovarvi insegnamenti profondi che riguardano la vita.

Quando questi insegnamenti esistono, derivano dalle ricerche e dal vissuto di singoli individui, spesso molto solitari e meditativi e non emergono certo dai comportamenti collettivi dell'umanità.

Al contrario esiste un elemento, e direi uno solo, che si presenta in maniera assolutamente costante nella storia dell'umanità, in qualunque epoca e in qualunque luogo, rivestendo sempre un ruolo fondamentale nelle vicende umane.

È l'elemento chiave che detta i tempi, i ritmi, determina gli scenari, crea flussi e movimenti, innesca le trasformazioni e si rivela il protagonista assoluto della storia umana.

**Questo elemento
presente sempre ed ovunque,
senza eccezioni,
è la guerra**

Lo studio della storia ha portato ad attribuire l'insorgere delle guerre alle cause più disparate e più disperate: le ingiustizie sociali, la povertà, le carestie, le migrazioni, il razzismo, lo sfruttamento, il desiderio di conquista...etc.

Fra le cause, quella economica è stata ritenuta prevalente, perché
l'economia regola il possesso, il movimento e la distribuzione
delle risorse, dei beni e delle ricchezze, compreso il cibo.
La guerra sarebbe sempre la contesa per il possesso di qualcosa.

Tutto giusto, ma non basta.
Le guerre sono innumerevoli, diversissime per durata, modalità,
estensione, contendenti, territori e popolazioni coinvolte, quantità
e qualità delle armi utilizzate... etc.
Spesso sono inutilmente crudeli, a volte totalmente insensate,
sempre completamente inutili.
Distruggono ogni cosa e fanno soffrire tutti, compresi i vincitori.

Non di rado prendono a pretesto motivazioni ideali, come la
giustizia e l'uguaglianza, a volte prendono le mosse da eventi
insignificanti, altre volte si propongono di realizzare la pace,
spesso sono scatenate e combattute in nome e per volere di Dio.

Le spiegazioni degli storici sono valide ma incomplete, perché
non spiegano questa immensa varietà e, soprattutto, lasciano
senza risposta la domanda fondamentale:

Qual è la causa profonda delle guerre?

*Quanto deve essere grande l'ignoranza che noi uomini abbiamo
di noi stessi, se è vero che in millenni di civiltà, pur essendo
grandemente dotati di intelligenza, creatività e volontà, non
siamo riusciti a dare risposta a questo interrogativo!*

Per questa ragione non è stato possibile, finora,

**uscire
definitivamente
dalla guerra e dalla violenza**

E qui le domande che vorrei suggerire sono due:

Non è che la guerra sia sempre, nel suo nucleo essenziale e profondo, uno scontro di sistemi di credenze?

Non è che ogni violenza, grande o piccola, individuale o collettiva, si origini sempre da un sistema di credenze?

Non sono domande insensate visto che

**i sistemi di credenze nascono quando l'uomo,
posseduto dalla paura, rinuncia alla propria intelligenza
e preferisce credere piuttosto che verificare**

Quando l'essere umano fa questo, diventa vittima di un'ignoranza impregnata di paura che, coltivata e riaffermata, amplifica a dismisura sia la paura che l'ignoranza. Così,

**l'uomo,
invece di vivere,
combatte**

D'altronde vale l'equazione incontrovertibile

Paura + Ignoranza = Violenza   → Guerra

e, reciprocamente,

Amore + Conoscenza = Mitezza   → Pace

Ma alla fine, che cosa vuole esattamente un sistema di credenze?

Il concetto che le guerre vengono combattute per affermare il possesso di qualcosa è certamente esatto, ma l'idea che questo qualcosa sia di natura esclusivamente materiale è limitativa e, in una certa misura, fuorviante.

È vero che la guerra mira al possesso di territori, beni, ricchezze... ma ciò è solo l'aspetto superficiale e visibile. Esso è la conseguenza della volontà di possesso di qualcosa di più sottile, più importante, qualcosa che è al tempo stesso più profondo e più elevato.

Proprio questo *possesso del più profondo e del più elevato* costituisce l'oggetto della guerra fra i sistemi di credenze. Infatti

**un sistema di credenze
afferma il proprio possesso della Verità**

Un sistema di credenze ritiene che la propria rappresentazione della realtà sia la Verità: l'unica sola ed assoluta Verità.

Pretende allora dagli altri il totale riconoscimento di questa Verità e considera nemici coloro che non glielo offrono spontaneamente.

Siccome poi la Verità deve sempre prevalere, ritiene che

**i nemici
devono essere
combattuti, vinti e sottomessi.**

Un sistema di credenze, considerandosi possessore della Verità, si attribuisce il monopolio delle rappresentazioni della realtà.

Quindi, nei fatti e nella sostanza,

**un sistema di credenze
afferma il proprio dominio sulla realtà**

Se ricordiamo che dominio deriva da Dominus e che Dominus significa Signore, capiamo che

**un sistema di credenze
si considera il Signore del mondo
e vuole essere riconosciuto come tale**

Appare chiaro perché due sistemi di credenze non possono assolutamente tollerarsi a vicenda: *il potere assoluto può essere di uno solo e non ci possono essere due Signori del mondo.*

Ritorniamo alla dimensione individuale.

E' possibile trasformare i nostri sistemi di credenze in sistemi di conoscenze?

Sì, e in ciò consiste il cammino di autoconoscenza, purificazione e autorealizzazione che, in oriente, esprimono con la massima: *conosci te stesso, purifica te stesso, realizza te stesso.*

Innanzitutto bisogna comprendere che, nella psiche umana, quasi sempre, coesistono sistemi di conoscenze e sistemi di credenze.

Se vi fossero solo sistemi di conoscenze, l'uomo non avrebbe parti oscure nella personalità, e neppure nemici nella vita.

Se così non è, diventa importantissimo che egli purifichi la propria personalità, trasformando i sistemi di credenze in sistemi di conoscenze e portando così la pace nel proprio vivere.

Per farlo deve ripulire il sistema di credenze dalla parte oscura che contiene. Questa parte è composta da menzogna, egoismo, rabbia, distruttività, violenza, guerra… ma il nucleo essenziale da cui tutto ciò si origina, è la paura.

È infatti la paura che, se si proietta all'esterno, si esprime come violenza nel mondo, se invece resta all'interno, si esprime come violenza nei confronti di sé stessi.

Una cosa non è migliore dell'altra ed entrambe ci mostrano che la paura è incompatibile con la pace. Per questo

**la chiave della pace
è il passaggio dalla paura all'amore**

Infatti l'amore è l'opposto della paura ed è anche la totale guarigione da essa. Infatti la paura non può coesistere con l'amore. Appena l'amore arriva, la paura scompare, come scompare il buio al sopraggiungere della luce.

Per questa ragione, in termini pratici, incominciare ad

**amare i propri nemici
è la via maestra per la conoscenza,
la purificazione e la realizzazione di se stessi**

Vuoi sapere quanto poco ti conosci?
Guarda quanti nemici hai:
ogni nemico è una parte di te che non conosci e ti è oscura.
Guarda quante certezze hai:
sono le paure che dominano la tua vita e da cui nascono nemici,
conflitti e sofferenze.
*Guarda quanto la tua lettura della vita è impregnata di cose che
disapprovi:*
corrispondono a parti di te che non accetti.
Le nascondi e le rendi invisibili per mezzo del tuo sistema di
credenze: così non ti dai la possibilità di conoscerle.
Se tu le conoscessi le accetteresti,
se tu le accettassi le ameresti,
se tu le amassi, ti ameresti.

**Ogni credenza che si trasforma in conoscenza
è un nemico che scompare**

Ogni nemico che scompare è un passo nella conoscenza e nella
purificazione di sé, un passo verso chiarezza, luce e coscienza.
Ogni azione o parola nella luce è mite e non scatena la guerra.

Infatti Gesù dice (Mt 5,37):

**Il vostro parlare sia sì sì, no no
il di più viene dal maligno**

È un perfetto elogio della chiarezza e dell'essenzialità.

Solo un uomo dalla personalità purificata parla in modo essenziale. Egli non ha zone oscure nella personalità, non vede nemici e pronuncia solo parole neutrali che non provocano la guerra. Infatti

il maligno è la nostra parte oscura

È maligno perché immette nelle nostre parole un di più che, privo di neutralità e carico di emozione negativa, stimola la reazione degli altri e fa nascere il conflitto.

Un sistema di credenze non può essere superato finché non viene dissolta tutta la paura che contiene.
Per fare questo devo prendere, una alla volta, ogni singola, piccola, apparentemente insignificante, credenza e ripulirla.
E siccome a sporcarla era stata la paura, per pulirla serve un atto di coraggio che è un'espressione dell'amore.
Questo atto consiste nel distaccarmi dall'unico vecchio punto di vista con cui mi identifico e che mi imprigiona, ed accoglierne altri, molti altri, verificandoli sempre.
Amplio così i miei punti di vista, mentre tutta la rappresentazione basata sulla paura crolla e

**ogni credenza viene sostituita da una conoscenza
capace di includere
ciò che prima la credenza escludeva**

Se faccio questo,

**il mio mondo si amplia
e quel nemico che prima doveva essere odiato e combattuto,
ora diventa un mio simile**

e allora, posso incontrarlo e comprenderlo.

Dopo che lo scontro si è trasformato in incontro, possiamo addirittura diventare amici.

Ecco che così sono riuscito ad amare i miei nemici o, per la precisione, i miei ex-nemici.

Eppure nulla è cambiato: essi non sono cambiati, la situazione non è cambiata, il mondo esterno e gli eventi che vi accadono non sono cambiati.

Quello che è cambiato è che

**il mio sistema di credenze
è diventato un sistema di conoscenze**

Amare i nemici non è quindi un atto di bontà e generosità, un comportamento lodevole ma facoltativo.
È, invece, un passo indispensabile nella conoscenza di se stessi.
È un atto di suprema intelligenza che produce la liberazione dell'uomo, lo sviluppo della coscienza e la crescita dell'essere.

Tuttavia non è un atto di volontà che si compie in un istante con la forza, ma un processo che si guadagna, attimo dopo attimo.

Inizia con una conoscenza, prosegue con una scelta e poi con azioni coltivate nel tempo con sforzo, pazienza e perseveranza.
Infine si conclude con una nuova comprensione.
In poche parole è un processo evolutivo.

Possiamo quindi parafrasare le parole di Gesù nel seguente modo:

**amate i vostri nemici
perché, così facendo,
acquistate la pace,**

**il vostro essere si espande,
la vita acquisisce valore
e voi diventate più felici**

Ed ecco che *amare i nemici* non sembra più l'espressione di un altruismo irrealizzabile, fanatico e insensato, ma diventa la logica conseguenza di un egoismo saggio, intelligente e illuminato.

Più precisamente

**amare i propri nemici
è la perfetta fusione di altruismo ed egoismo
perché rende prive di significato
le distinzioni che danno origine a questi due opposti**

Lo sviluppo della coscienza e la crescita dell'essere avvengono sempre così:

**due opposti inconciliabili,
si uniscono e si annullano,**

la coscienza accede a un più alto livello dell'essere ove esiste maggior comprensione, libertà, pace e amore.

La polarità, dissoltasi, libera l'energia che conteneva e la coscienza può utilizzarla per creare nuove realtà prima inconcepibili.

È importante comprendere che il concetto di polarità ha validità generale. La polarità è una situazione in cui esistono solo e soltanto due condizioni che si escludono a vicenda.

In un certo istante si verifica o l'una o l'altra, mai tutte e due contemporaneamente e mai una terza. La polarità conserva sempre se stessa. Produce, come un pendolo, la continua oscillazione da un polo all'altro, ma mai il cambiamento dell'intera situazione.
Affinché il cambiamento possa avvenire serve un contributo che provenga dall'esterno, l'apporto di una forza esterna.

È importante comprendere che il mantenimento della polarità, col suo continuo oscillare, richiede l'impiego di grandissime quantità di energia che restano imprigionate, bloccate e incapsulate in quella condizione.
Dissolvere la polarità significa liberare l'energia che essa contiene e renderla disponibile. Può poi essere utilizzata in modo nuovo. Un ottimo termine per designare tutto ciò è *creatività* o da un altro punto di vista *miracolo*.

Questo tema è stato più volte affrontato da Gesù.
Lo troviamo riportato in tutti i Vangeli, ma in maniera molto esplicita, nel Vangelo di Tommaso.

Vangelo di Tommaso v.22
...
Quando farete di due cose un'unità
e farete l'interno uguale all'esterno
e l'esterno uguale all'interno
e il superiore uguale all'inferiore,
quando farete del maschio e della femmina
un unico essere
così che il maschio non sia solo maschio
e la femmina non resti solo femmina,
quando considerate due occhi come unità della vista
...
allora troverete l'entrata del Regno

Vangelo di Tommaso v.48

...

Se due persone fanno pace tra loro
nella stessa casa,
diranno alla montagna: spostati
e quella si sposterà.

Vangelo di Tommaso v.49

...

Beati voi unificatori ed eletti
perché troverete l'ingresso del Regno,
dato che voi siete usciti da lì
e di nuovo ne ritroverete l'entrata

Vangelo di Tommaso v.61

...

Quando ci si unisce
si è pieni di vita,
quando si resta divisi
si è pieni di male

...

Vangelo di Tommaso v.105

...

Quando farete dei due uno
diventerete figli dell'uomo,
e quando direte Montagna, spostati
essa si sposterà

La polarità nelle particelle elementari

Un buon esempio di polarità ci viene offerto dalla fisica e riguarda le particelle subatomiche.
Per ogni tipo di particella esiste la corrispondente antiparticella. Per esempio, all'elettrone corrisponde l'antielettrone.

Allorché una particella e la sua antiparticella si incontrano, si distruggono e le loro masse si trasformano totalmente in energia. Questo evento si chiama **annichilazione** che significa *totale distruzione*, scomparsa completa e definitiva. Nell'annichilazione l'energia si libera sotto forma di fotoni. Fotoni significa luce.

Se chiamiamo *coppia polare* l'insieme particella-antiparticella, il tutto si esprime dicendo che l'annichilazione è la distruzione di una coppia polare cui si accompagna l'emissione di luce.

Per la verità è un'esposizione semplificata. Infatti se vi è energia sufficiente, oltre ai fotoni possono prodursi altre coppie polari che a loro volta possono annichilirsi emettendo altri fotoni. Entrare in questi dettagli, appesantirebbe inutilmente il nostro discorso senza aggiungere elementi significativi.

A noi basta dire che *le coppie polari possono trasformarsi in luce e, reciprocamente, la luce può trasformarsi in coppie polari.*

Tutto ciò riguarda ogni forma di polarità e ha un valore generale che, ben al di là dell'esempio delle particelle elementari, può così esprimersi

**quando si dissolve la polarità
compare la luce;
quando scompare la luce
si crea la polarità**

Così come la polarità delle particelle determina i processi di distruzione e creazione della materia, allo stesso modo ogni altro tipo di polarità determina i processi di distruzione e costruzione propri del contesto in cui si manifesta.

Per esempio una forma di polarità è la guerra, e più in generale il conflitto. Non importa se si tratta di guerra militare, commerciale, politica, di religione o se si tratti di conflitto interiore, psicologico o interpersonale. Ciò che conta è che si tratta di polarità.

Nella polarità del conflitto, la luce che cosa rappresenta?

Fin dall'antichità la luce è stata il simbolo della coscienza e non è difficile vedere quanto corretta sia questa intuizione.
Infatti il superamento del conflitto avviene grazie all'acquisizione di una nuova comprensione che nasce dalla fusione di conoscenza e amore. Ad essa corrisponde un più elevato stato di coscienza. Al contrario, alla perdita di coscienza si accompagna l'insorgere della paura e il diffondersi e il prevalere dell'ignoranza. Ad esse segue la nascita di nuovi conflitti.

Possiamo ora esprimere in relazione al conflitto e alla coscienza, quanto detto precedentemente sulla polarità e la luce:

**quando si dissolve il conflitto
compare la coscienza;
quando scompare la coscienza
si crea il conflitto**

La luce nella Creazione

Per ciò che riguarda il processo della creazione, può essere interessante richiamare alcuni passi del prologo al Vangelo di Giovanni:

In principio era il Verbo,
e il Verbo era presso Dio
e il Verbo era Dio.
Egli era in principio presso Dio:
tutto è stato fatto per mezzo di lui,
e senza di lui niente è stato fatto di tutto ciò che esiste.
In lui era la vita
e la vita era la luce degli uomini;
la luce splende nelle tenebre,
Veniva nel mondo
la luce vera,
quella che illumina ogni uomo.

È detto chiaramente che tutto ciò che esiste è fatto per mezzo del Verbo e che il Verbo è la luce degli uomini, la luce che splende nelle tenebre, la luce vera che illumina ogni uomo.
Quindi

tutto è creato per mezzo della luce

La fisica moderna afferma che lo spazio vuoto è pieno di potenziali e che la realtà viene creata e si manifesta allorché i potenziali collassano.
Poi afferma che ciò che fa collassare i potenziali, creando la realtà, è la coscienza.

Se si ricorda che la coscienza è luce, allora il cerchio della comprensione si chiude e tutto combacia perfettamente.

Il fatto che la sapienza antica e la scienza moderna si avvicinino sempre di più, tendendo a convergere, mentre i pochi veri grandi scienziati vanno sempre più assomigliando ai grandi mistici visionari del passato, credo sia una splendida realtà a cui, negli anni a venire, avremo sempre più la possibilità di abituarci.

Capitolo 4

La pienezza
e la mancanza

La pienezza
e la mancanza

Spesso l'uomo pensa in termini di mancanza poiché invece di valorizzare ciò che *ha*, enfatizza ciò che *non ha*.
Ciò lo conduce verso l'illusione prima, e verso la delusione poi.
Infatti è chiaro che

con ciò che non si ha non si può fare nulla
mentre
con ciò che si ha si può fare molto

Per questa ragione, *ciò che si ha* è il punto di partenza di ogni *sano progetto di vita reale*.
Proprio per richiamare l'attenzione sull'importanza di ciò che abbiamo, Gesù narrò la parabola dei talenti. I *talenti* erano delle monete e *rappresentano ciò che ha valore*, indipendentemente che si tratti di beni materiali o spirituali. Si riferiscono, quindi, non solo a ciò che abbiamo, ma anche a ciò che siamo.

Quello che Gesù ci offre è un insegnamento sull'importanza di

mettere a frutto
il nostro avere e il nostro essere

Ecco cosa dice in sintesi:

Un uomo in procinto di partire affidò i propri talenti ai suoi servi, in misura diversa a seconda delle capacità di ognuno.

Al ritorno chiese conto dei talenti che aveva affidato.
Colui che ne aveva ricevuti cinque, li aveva investiti e ne aveva guadagnati altri cinque, quello che ne aveva ricevuti due, ne aveva guadagnati altri due, l'ultimo che aveva ricevuto un solo talento, preso dalla paura di perderlo, lo aveva sotterrato.
Il Padrone lodò egualmente i primi due che avevano raddoppiato quanto ricevuto, ma rimproverò aspramente il servo che, per timore, non aveva fatto fruttare il proprio talento.
Glielo tolse e ordinò che fosse dato a colui che ne aveva dieci.

La parabola termina con questa frase: "… **a chi ha sarà dato e sarà nell'abbondanza, ma a chi non ha sarà tolto anche quello che ha**". (Mt 25,29)

Sebbene possa risultare oscura ad una prima lettura, dice semplicemente che chi riconosce i talenti, e li mette a frutto, vedrà i frutti moltiplicarsi, anche in maniera inaspettata.

Chi invece, per paura, **li nasconde e si nasconde**, perderà non solo il frutto, ma i talenti stessi.

Si applica indifferentemente a capacità personali o a beni materiali.
Infatti, qualunque capacità, utilizzata e allenata, si potenzia e si arricchisce; inutilizzata, si impoverisce e si atrofizza.
La teoria dell'evoluzione dice: *se non la usi, la perdi.*
Anche la ricchezza materiale deve essere reinvestita allo scopo di mantenere e aumentare il proprio valore.
Ogni teoria economica dice: *se non la investi, ti impoverisci.*

Ciò che un uomo vede, osservando un qualsiasi accadimento, dipende dal modo in cui lo interpreta, cioè dall'attitudine attraverso cui si accosta ad esso e lo legge.

Due opposte attitudini di lettura della vita sono *il senso di pienezza* e *il senso di mancanza.* Le chiameremo sinteticamente pienezza e mancanza e cercheremo di darne una definizione.

Pienezza *è l'attitudine a pensare nei termini di ciò che esiste ed è disponibile*

Mancanza *è l'attitudine a pensare nei termini di ciò che manca*

La pienezza è un'attitudine vitale: prende *la vita che c'è* e la utilizza per creare altra vita.
La mancanza è un'attitudine non vitale: prende *la vita che c'è* e la consuma.

Un sogno, creato nella pienezza, è vivo e diventa subito un obbiettivo o un progetto. Un sogno, elaborato nella mancanza, è senza vita e resta un sogno sterile che riproduce se stesso. È sufficiente che si ripeta due volte per diventare un bi-sogno.

Così si crea un film, il film della mancanza, che partirà automaticamente ogni volta che il soggetto si sente nel disagio.

Immerso nella visione del film, scambierà il film con la realtà, senza poter vedere le vere opportunità che la vita gli offre.

E così la mancanza verrà continuamente riconfermata.
In sostanza, ciò che un sogno produce dipende dall'attitudine del sognatore:

**la mancanza trasforma il sogno in bisogno,
la pienezza lo trasforma in obbiettivo**

E qui il linguaggio specialistico, elaborato da G.I. Gurdjieff nel suo sistema *La Quarta Via,* ci offre un valido aiuto.

Ci permette di esprimerci in maniera estremamente sintetica affermando che

**la mancanza è la modalità operativa
del centro di gravità,
la pienezza è la modalità operativa
del centro magnetico**

Infatti, *il centro di gravità si occupa di bisogni, il centro magnetico di obbiettivi.*

Gravità significa pesantezza, e quindi fatica, impedimento, blocco e impossibilità. La pesantezza è la difficoltà del soggetto ad uscire da sé.
È la chiusura che lo porta a crollare su se stesso sotto il peso dei propri limiti, dei propri bisogni e condizionamenti di cui è incapace di liberarsi.

Magnetismo significa attrazione, capacità di attrarre e di essere attratti e quindi, movimento, possibilità e vita.
È l'apertura del soggetto nel vedere la possibilità al di fuori del suo piccolo mondo e la capacità di fare la scelta coraggiosa di dirigersi verso di essa.
È la disponibilità a muoversi verso qualcosa cui si attribuisce un valore e da cui ci si sente attratti, e al tempo stesso, la capacità di attrarre le forze che possono aiutare a coltivare quella possibilità.

Quindi la gravità è separazione e solitudine; il magnetismo è condivisione e aggregazione.

Il magnetismo è la porta che ci apre la possibilità di allargare il nostro mondo facendoci passare

dall'io al noi

La gravità è collegata alla paura, il magnetismo all'amore.

Del resto

la vita è come un'automobile:
l'amore è l'acceleratore,
la paura è il freno

Servono entrambi per guidarla correttamente e spostarsi velocemente senza rischiare.
Col freno premuto non si va da nessuna parte, ma, se al momento giusto non si frena, ci si farà molto male.

Tutto quello che abbiamo detto, vale, oltre che per l'uomo, anche per ogni struttura che funziona come un organismo vivente: una squadra sportiva, un gruppo di lavoro, un'azienda, una comunità. Anch'essi possiedono un centro magnetico e un centro di gravità.

In termini generali concludiamo che, in un organismo vivente,

il centro magnetico crea la ricchezza,
il centro di gravità la spende

Del resto, anche il denaro lo si guadagna per spenderlo, ma è grazie ad un giusto equilibrio fra guadagnare e spendere, che la sopravvivenza può essere garantita.

Similmente per la vita.
È la giusta alchimia di obbiettivi e bisogni che permette alla vita di continuare, rinnovarsi, crescere, riprodursi e diffondersi.

Torniamo al sogno.
Ogni sogno, per il fatto stesso di esistere, consuma una certa energia. Se si trasforma in obbiettivo e diventa un progetto che funziona, l'energia ritorna in abbondanza.

Infatti, funzionando infonde la vita tutt'intorno e ciò a cui esso ha dato vita gliela restituisce moltiplicata.

Al contrario, *un sogno che diventa bisogno*, consuma energia continuamente, e non c'è nessuno che gliela restituisca. Possiamo concludere che

**nella pienezza la vita si moltiplica,
e si propaga ovunque,
nella mancanza la vita si consuma
e si estingue in sé stessa**

Quanto velocemente si consuma?

Si consuma lentamente nella sopravvivenza, ma molto più velocemente se ai bisogni istintivi si aggiungono i bisogni proiettati dalla mente a causa delle paure e dei desideri.
Ciò che consuma rapidamente la vita è la mancanza che diventa bisogno, pretesa, delusione, frustrazione, rabbia, e infelicità.
È soprattutto l'infelicità che, a braccetto col dramma, consuma la vita rapidissimamente.

**Pienezza significa viaggio verso la vita,
mancanza, viaggio verso la morte**

Nel viaggio vi saranno varie tappe, e gli eventi potranno svolgersi secondo copioni diversissimi, ma *la natura del viaggio non dipende dagli eventi*, dal verificarsi o meno di certi accadimenti, non dipende dal caso.

**La natura del viaggio
è già scritta nell'attitudine
che lo governa**

Infatti, in generale,

il divenire è lo srotolarsi dell'essere nel tempo

e, per quanto in modi e tempi diversi, ciò che ogni uomo ottiene dalla vita è un incontro, più o meno profondo, con se stesso.

In estrema sintesi:

ognuno ottiene sempre ciò che è

La natura del viaggio può però, sempre, essere cambiata.
Per far questo, bisogna produrre un cambio di attitudine, a seguito di un cambiamento del proprio essere, di una vera e propria conversione.

**Il cambiamento dell'essere
ha inizio sempre da una scelta
compiuta nell'interiorità più profonda**

Si comprende, allora, perché la libertà di scelta, o libero arbitrio, è il più grande dei doni concessi all'uomo.

Ritorniamo al confronto fra pienezza e mancanza.

La pienezza si esprime per obbiettivi e non per bisogni.

Gli obbiettivi, possono riguardare l'essere o l'avere, ma, in entrambi i casi, devono fare i conti con una legge fondamentale che dice:

il dare e il ricevere sono sempre in equilibrio

Essa, applicata all'avere, ci dice:

**per ottenere ciò che vuoi
devi dare ciò che hai**

mentre, applicata all'essere:

**per diventare ciò a cui aspiri
devi dare ciò che sei**

La mancanza si esprime per bisogni ed è incapace di elaborare obbiettivi.

È all'origine di ogni visione vittimistica e, paradossalmente, è la causa che impedisce alla vita di recapitare i suoi doni.
Infatti, colui che pensa sempre nei termini di ciò che non ha, proietta desideri e bisogni che vorrebbe vedere immediatamente soddisfatti senza capire che non è possibile. Soddisfatti da chi?
L'unico che può soddisfarli è lui stesso, ma, proprio lui, non se ne occupa perché, coltivando la mancanza, non possiede neppure un punto da cui partire e non ha neanche la pazienza necessaria a costruire la capacità di ricevere.

La via del bisogno è perdente perché fatta di sterili sogni che non oltrepassano il confine della mente e tutt'al più dell'emozione.

La via dell'obbiettivo è vincente perché il sogno supera il confine della mente, diventa emozione, motivazione e, infine, azione. Così penetra nella realtà sotto forma di realizzazione e da lì attira ciò che gli è simile per continuare insieme, con maggior vigore, l'opera intrapresa.

La via dell'obbiettivo richiede obbiettività.

È una via obbiettiva o, se si preferisce, oggettiva mentre la via del bisogno è puramente soggettiva. Infatti, non penetra nella realtà, se non attraverso il lamento del bisognoso, che inquina tutto ciò con cui entra in contatto.

In natura, per esempio, non basta mettersi davanti a un pezzo di terra e dire *voglio dei pomodori*, ma è necessario avere i **semi** dei pomodori, piantarli dopo aver preparato il terreno, far crescere le piante e nutrirle e curarle fino a che non danno frutto.

Quindi il seme è indispensabile poiché

il seme è il contenitore della possibilità

È sempre necessario partire dal seme affinché la possibilità si realizzi.

Quando pretendiamo qualcosa, ma non ne piantiamo il seme, usiamo una forma di arroganza che, semplicemente, non funziona.

Pensare in termini di mancanza, inoltre, è dannoso poiché

la mancanza è essa stessa un seme:
il seme di una mancanza ancor più grande

Se questa è la nostra attitudine, ci conviene invertire la rotta e iniziare a ragionare in termini di pienezza.

Per far questo, impariamo dalla parabola di Gesù.

Guardiamo la nostra vita (ciò che abbiamo e ciò che siamo) e riconosciamo ciò che ha valore, riconosciamo i nostri talenti.

Se non ci sembra di vedere niente, insistiamo a guardare con amore e pazienza e se ciò che riusciamo a vedere ci sembra piccolo, piccolissimo o addirittura insignificante, non importa: facciamolo fruttare.

I frutti daranno altri frutti e nessuno può dire quanti e quali saranno. Infatti

"... a chi ha sarà dato e sarà nell'abbondanza"

Il compiere ogni azione a partire da ciò che c'è ed esiste, è talmente importante che ne teneva conto perfino Gesù, che di miracoli aveva una certa esperienza.

Infatti, allorché si trattò di sfamare 4000 persone, per prima cosa chiese ai suoi discepoli:

Quanti pani avete?

Gli dissero: Sette.

Gesù ordinò alla folla di sedersi per terra.

Presi allora quei sette pani, rese grazie, li spezzò e li diede ai discepoli perché li distribuissero; essi li distribuirono alla folla.

Avevano anche pochi pesciolini; pronunziata la benedizione su di essi, disse di distribuire anche quelli.

Così essi mangiarono e si saziarono; e portarono via sette sporte di pezzi avanzati.

Erano circa quattromila. E li congedò.   ***(Marco 8,5)***

Capitolo 5

Essere nell'apertura

Essere nell'apertura

Sono in un atteggiamento di apertura?

È importante porsi questa domanda soprattutto se si desidera imparare.

Imparare richiede il contatto col nuovo, con ciò che fino ad un attimo prima era sconosciuto. Come potrà lo sconosciuto penetrare in me e diventare parte di me se le mie porte di accesso sono sbarrate? Non potrà, perché

**un atteggiamento di chiusura preclude ogni esperienza
compreso l'apprendimento**

Chi, prima di leggere un libro, ascoltare una musica, vedere un film, intraprendere un dialogo, incontrare una persona o affrontare un'esperienza nuova, si cura di porsi in un atteggiamento di apertura? Quasi nessuno, ed è per questo che quasi nessuno vive esperienze profonde e totalizzanti. Così

**l'uomo trae dalle sue esperienze e dal suo stesso vivere
un frutto molto minore di quello che la vita gli offre**

In pratica non vive veramente.

È a questo che allude Seneca quando scrive al suo amico Lucilio: *vedo molti uomini morire ancor prima di essere nati.*

Significa che molti uomini arrivano al termine della loro vita biologica senza avere sviluppato un vero vivere, perché non sono mai nati veramente.

Marcello Marchesi, uomo di spettacolo apprezzato per la sua acutezza diceva: *l'importante è che la morte ci trovi vivi.*

Penso intendesse dire che non dobbiamo temere la morte fisica perché è parte integrante della vita: è il non vivere che deve spaventarci.

Sprecare la vita nel non vivere è molto peggio che morire dopo aver vissuto.

**Se il domani ci trova esattamente uguali a ieri,
significa che oggi è un giorno senza vita,
un giorno sterile, perduto inutilmente**

Essere o non essere?

La domanda di Amleto può essere così parafrasata:

*Scelgo che oggi sia l'evoluzione di ieri
o permetto che ne sia la fotocopia?*

In ogni istante, da ora al momento della nostra morte, vi è la possibilità di rinascita. Se la cogliamo e nasciamo alla vita, non dovremo più morire prima di essere nati. Moriremo dopo aver conquistato una nuova vita, e quindi moriremo vivi.

Che cosa porteremo con noi attraversando la soglia della morte? Nulla di ciò che avevamo, perché in quel momento non abbiamo più nulla e anche il corpo, ormai incapace di funzionare, non ci appartiene più. *Porteremo, allora, essenzialmente ciò che siamo.*

Più precisamente, porteremo con noi ciò che siamo arrivati ad essere sulla soglia di quel passaggio.

Tutto ciò è descritto perfettamente nel ventitreesimo capitolo del Vangelo di Luca ove Gesù viene crocefisso insieme a due ladroni. I due hanno alle loro spalle un passato simile, ma vivono il presente in modo completamente diverso. Per entrambi

Gesù è la nuova possibilità
che si presenta alla fine della loro esistenza

Il primo, la rifiuta e insulta Gesù. Senza un rinnovamento e una rinascita, il presente resta uguale al passato ed egli morirà esattamente come è vissuto.

Il secondo invece concepisce la possibilità, la vede, la riconosce, la comprende e la coglie. Così produce il cambiamento.

Infatti dice: *Gesù, ricordati di me quando entrerai nel tuo regno.*

E Gesù: *In verità ti dico, oggi sarai con me nel paradiso.*

Il cambiamento lo porta in un nuovo stato dell'essere che da quel momento gli apparterrà. Così trasformato, nasce a nuova vita.

È una nuova vita in cui si unisce a Gesù che gli conferma che, in quello stesso giorno, saranno insieme in paradiso.

Tutto ciò significa che

la morte ha potere sul corpo,
ma non ne ha affatto sull'essere

Il corpo, morendo, si disgrega, si dissolve nei suoi componenti e scompare dalla vita e dalla vista.

L'essere oltrepassa la morte indenne,
senza subire discontinuità né cambiamento

Durante la vita, l'essere non si vedeva, ma esisteva.

Dopo la morte, l'essere continua a non vedersi e ad esistere.

Nell'attraversamento della soglia, ciò che è diviso rimane diviso, è ciò che è stato unito, sia pure un attimo prima, resta unito.

Accade a molti uomini di non morire vivi perché non hanno mai veramente vissuto. E come potrebbe essere diversamente se colui che va incontro alle esperienze del vivere non si presenta a questi incontri nella pienezza del suo essere?

Se guarda ma non vede, ode ma non ascolta, è lì ma non è presente, perché non è in una percezione globale di ciò che è dentro e fuori di lui in quel preciso istante?

Da cosa dipende questa assenza dalla vita, questo non essere?

Dipende dal fatto che l'uomo, diventando adulto, si ritira sempre di più nel piccolo mondo delle sue paure, dei suoi limiti, delle sue certezze e delle sue convinzioni.

Quindi non è presente alla vita, perché il presente gli è stato rubato dai fantasmi del passato, che finiranno per impossessarsi anche del futuro.

Egli è simile a un bruco, che resta sempre nel bozzolo e non diventa mai farfalla, perché concepisce solo il bozzolo e il suo viverci dentro.

In poche parole l'uomo, quasi sempre, vive all'interno di un dramma e nulla concepisce oltre il dramma stesso.

Questo non è vero per i bambini, quindi il dramma è uno stato di chiusura, più o meno totale, cui gli esseri umani arrivano nel corso della vita.

Come può accadere?

Molti uomini, uscendo dall'infanzia e avvicinandosi all'età adulta, tendono sempre più a vedere la vita come una sequenza di problemi che la rendono faticosa e piena di sofferenza.

Questa visione è ***l'inizio del dramma***.

Non ci interessa, per ora, indagare sul perché si produce questa distorsione del vivere per cui certi fatti vengono definiti problemi; ci basta osservare che gli uomini pensano di doverli risolvere e in questo compito si impegnano con tutte le loro forze. Talvolta, temporaneamente, trovano un po' di sollievo perché, credono di averne risolti alcuni. Pensano allora che, se li risolvessero tutti, sarebbero finalmente felici. Mettono così in atto una illusoria e compulsiva ricerca della felicità, per cui,

**proiettando la felicità nel futuro,
la allontanano dal presente
e si condannano all'infelicità**

Lungo questa direzione spendono tutte le loro energie.
Dedicando incessantemente i loro sforzi alla soluzione dei problemi, vivono *la continuazione del dramma.*

Sarebbe necessario comprendere che pensare sempre al dramma, consumarsi per esso, lottare continuamente per risolverlo, produce il risultato di confermare il dramma stesso, alimentarlo, dargli energia e vitalità, e infine, consolidarlo nella realtà.
Così, diventa totale e totalizzante e, una volta che ciò è accaduto, si produce *la cristallizzazione del dramma*.

Quando essa si verifica non c'è più spazio per nulla, neppure per la vita che si impoverisce fino a diventare sopravvivenza.
Non pochi uomini se ne accorgono, ma pensano che la vita potrà ricominciare quando il dramma sarà finito.
Il dramma però, per una causa o per l'altra, non finisce mai e invece è la vita che finisce.
Comprendiamo allora pienamente il senso delle parole di Seneca.
Egli ci dice che l'uomo attende la fine del dramma per incominciare a vivere, ma questa fine non arriva mai e, al suo posto, arriva la morte, così l'uomo muore prima di esser nato.

A questo punto

**la morte entra a pieno titolo nel dramma
e ne diventa la protagonista indiscussa e assoluta**

Infatti, l'uomo pensa che la morte arriva, prematuramente e
ingiustamente, a interrompere la ricerca e la conquista di una
felicità a cui egli tende e a cui ha diritto.
Allo stesso tempo, tutti sanno che la morte prima o poi arriva, ne
hanno paura e la rimuovono, in modo da potere continuare
indisturbati ad inseguire la felicità cui aspirano. Ciò è tanto più
vero se hanno confuso la felicità col piacere e dal piacere sono
diventati dipendenti. Continuamente rimosse da tutti,

**la morte e la paura della morte
acquistano un potere immenso
diventando il dramma per eccellenza,
il grande dramma collettivo dell'umanità**

Per comprendere come ciò accade bisogna approfondire il
funzionamento della rimozione.

La rimozione è la forma più esasperata di rifiuto.
Essa consiste nel volere escludere un evento dalla vita, dalla
vista, da tutto ciò che si trova sotto la luce del sole.
È un impulso a distruggerlo, cancellarlo dall'esistenza, dal
mondo, un volerlo ignorare totalmente e assolutamente.

L'ignoranza però, è sempre causa di sofferenza e nulla può
veramente essere cancellato.

Infatti, rimuovendo un contenuto indesiderato dalla coscienza, lo
spingiamo in un punto più profondo e oscuro dell'inconscio ove il
suo potere risulta moltiplicato.

90

Da lì, non visto, può agire indisturbato e influire sulla nostra vita in modo ancor più incisivo e determinante.

**Se il rifiuto produce la guerra
contro un nemico visibile,
la rimozione crea la schiavitù
nei confronti di un tiranno invisibile**

La scelta migliore, che non crea né nemici né tiranni, e porta con semplicità alla pace e alla libertà, è quella di

**rinunciare ad ogni forma di rifiuto
e cercare di accogliere
tutto ciò che esiste nel mondo**

Se un evento ci crea difficoltà è perché abbiamo un limite ed esso ce lo mostra.
Conviene allora accoglierlo e apprendere la lezione che ci porta, perché è un insegnamento che ci libera dal limite, e ci arricchisce nella comprensione.
Le alternative sono quelle di rifiutarlo, creando un nemico da combattere, o rimuoverlo, creando un tiranno da cui dipendere.
Accogliendolo, invece, diventeremo capaci di comprenderlo e di *includerlo pacificamente e fruttuosamente* nella nostra vita.

Detto diversamente: *è di gran lunga meglio ampliare la mia comprensione per arrivare, gradualmente, a includere tutto ciò che esiste, anziché rimpicciolire e deformare l'esistente per poterlo contenere nella mia ignoranza.*

Serve un atteggiamento di umiltà come quello che Amleto suggerisce all'amico Orazio quando gli dice: *Ci sono più cose in cielo e in terra di quante ne sogni la tua filosofia.*

Per approfondire ulteriormente il tema fin qui trattato, è indispensabile che ci interroghiamo sulla natura della felicità, del dramma e della morte.

Prenderemo spunto dalle parole di Gesù che ci suggerisce di *essere nel mondo, ma non del mondo*. Significa

**rimanere ancorati al centro del nostro essere
pur vivendo totalmente immersi
nel movimento della vita**

È lo stato di coscienza in cui

**cessa la distinzione fra essere e divenire
e nasce la pace**

Ciò accade perché gli opposti del mondo del divenire si uniscono e si dissolvono continuamente nella coscienza dell'essere.

Nella dimensione dell'essere è possibile una vita felice

**Infatti la felicità è lo stato di ben-essere
che deriva dalla permanenza della coscienza di sé
pur nell'impermanenza degli eventi del mondo**

o meglio, proprio grazie ad essa, dato che gli eventi del mondo, in perenne mutamento, ci richiamo continuamente a noi stessi.

È un richiamo a cui possiamo scegliere se essere sensibili o sordi.

L'infelicità nasce allorché l'uomo, perso il contatto con l'essere e dimenticatosi di sé, dimora esclusivamente nel divenire, che poi continuamente lo travolge.

Lì la ricerca della felicità è vana e illusoria e il raggiungimento impossibile. Infatti, la felicità non può essere cercata, trovata e posseduta, ma solo vissuta. Per viverla bisogna ripristinare il collegamento interrotto. Per ripristinarlo bisogna sceglierlo.

La felicita c'è se noi siamo, non c'è se noi non siamo.

Un breve inciso: la parola religione deriva dal latino *religio*, ed è questione controversa se questo termine discenda dai verbi *religare, relegere* o *re-eligere*.
Religare vuol dir legare insieme, collegare e, in senso ampio, ricollegarsi.
Relegere significa leggere di nuovo, leggere con maggior attenzione.
Re-eligere significa scegliere di nuovo.

Come si vede, qualunque sia l'etimologia scelta, il senso ultimo non cambia ed è quello di **ritornare all'essere.**

Nella tradizione biblica, l'uomo, a causa del peccato originale, esce dal paradiso terrestre, cade nella dualità del bene e del male, e perde la felicità. Quindi

**l'essere è il paradiso terrestre
e il peccato originale è la perdita della coscienza
dell'unione di sé col Tutto**

Come si comporta di fronte agli eventi un uomo che "è nel mondo, ma non del mondo"?

Innanzitutto è felice, ha una stabile energia che conserva ed accresce, così vive in una dimensione di pienezza.

Allorché un evento si presenta all'orizzonte, accetta il suo avvicinarsi, accetta il contatto con esso e accetta il successivo allontanamento.

Accoglie tutte le fasi dell'esperienza e in nessun modo cerca di resistere o bloccare il flusso della vita.

Conclusa l'esperienza, ne esce grandemente arricchito e pronto ad accogliere qualunque altra esperienza.

E un uomo che "è nel mondo e del mondo"?

Innanzitutto è infelice perché ha perso il contatto con l'essere, ha un'energia instabile e sfuggente, così vive in una dimensione di mancanza e di bisogno. Perdendo il contatto con l'essere è precipitato nel divenire ove regna la guerra degli opposti.

Allorché un evento si presenta all'orizzonte rappresenta per lui un problema. Egli, infatti, non è in grado di riconoscerlo perché, lontano dall'essere e dimentico di sé, non è più in grado di riconoscersi. Non sa se considerarlo un amico o un nemico, una possibilità o una minaccia.

Deve scegliere, e in ciò consiste il problema. La via maestra, quella di accettarlo con amore comunque, è inaccessibile a chi non dimora nell'essere.

Immerso nella dualità, deve quindi *scegliere se rifiutarlo per paura o accettarlo per bisogno*. Non vi è una reale differenza fra le due alternative, perché

non vi è vera scelta fuori dall'essere

Se lo rifiuta per paura, l'evento continuerà a riproporsi anche se non necessariamente nella stessa identica forma.

Se lo accetta per bisogno, non si tratta di una vera accettazione, perché non avviene nell'amore e nella libertà.

94

Allora, nel momento del contatto, il bisogno farà si che egli si attacchi all'evento, e rifiuti poi di lasciarlo andare, quando questo cercherà di allontanarsi.

Producendo il rifiuto, che sia quello di accettare o quello di lasciar andare, bloccherà il flusso della vita.

Alla fine risulterà impoverito dall'esperienza non conclusa che avrà bisogno, di essere ripresa.

A questo punto possiamo *analizzare la natura del dramma*.

**Il dramma è l'enorme cessione di energia
che un uomo compie
nei confronti di ciò che rifiuta**

L'attenzione è un flusso di energia che va da colui che dà attenzione a colui che la riceve. Il rifiuto è un tipo di attenzione dall'energia molto forte, intensa e potente.

Allorché sono di fronte ad un evento e la sua presenza stimola in me la paura, io lo rifiuto. Una certa quantità di energia esce da me ed entra in lui. Io mi indebolisco e lui si rafforza. Siccome lui diventa più forte e presente, la mia paura aumenta e io accresco il mio rifiuto. Questo flusso di energia cresce continuamente, impoverendo me e arricchendo lui. Ciò dimostra che

il rifiuto crea relazioni di dipendenza

Gesù dice:

amate i vostri nemici

e potremmo aggiungere:

**così non sarete obbligati a dipendere da loro
spendendo la vita nella guerra**

Resta da *affrontare il tema della morte*.

La morte è l'esito infausto del dramma

Infatti il dramma è consumazione.
Se il dramma non cessa, la perdita di energia vitale continua e quando all'organismo non ne resta a sufficienza, morirà.
Attualmente la consumazione dell'energia vitale di un uomo avviene in circa 80 anni, nei primi del 900 avveniva in circa 50 anni, e ai tempi degli antichi romani in 30.

Siccome il dramma della morte è diventato, nel corso dei secoli, il dramma per eccellenza dell'umanità, possiamo concludere che, attualmente,

**è vivere il dramma della morte
che crea realmente la morte del corpo fisico**

Tutto ciò lo ritroviamo espresso magnificamente nella Bibbia (Sapienza 1,12-13):

*Smettete di ricercare la morte con gli errori della vostra vita,
e di attirarvi la rovina con le opere delle vostre mani,
perché Dio non ha fatto la morte,
né gode per la rovina dei viventi.
Egli ha creato tutte le cose perché esistano;
salutifere sono le creature del mondo,
in esse non c'è veleno mortifero,
né il regno dell'Ade è sulla terra.
La giustizia infatti è immortale.
Ma gli empi con gesti e con parole chiamano la morte,
credendola amica, si consumano per essa
e con essa hanno stretto alleanza,
perché sono degni di essere del suo numero.*

Può essere interessante accostare a queste parole le riflessioni del Dalai Lama sulla vita degli uomini occidentali.

Egli afferma:

"Quello che mi ha sorpreso di più negli uomini dell'Occidente è che perdono la salute per fare i soldi e poi perdono i soldi per recuperare la salute.
Pensano tanto al futuro che dimenticano di vivere il presente, in tale maniera che non riescono a vivere né il presente né il futuro.
Vivono come se non dovessero morire mai e muoiono come se non avessero mai vissuto"

È bello vedere che Seneca e il Dalai Lama, separati da 2000 anni e 10000 km, sono in perfetta sintonia.

A quanto detto precedentemente, si può obbiettare che, al di là del dramma, la morte avverrebbe comunque per cause fisiologiche. Ciò, forse, è vero, però quanto durerebbe la vita umana se non vi fosse il dramma, nessuno lo sa.

Ci limitiamo ad osservare che la Bibbia afferma che la vita di Matusalemme fu di 969 anni, quella di Iared 959, quella di Noè 950, quella di Adamo 930, quella di Set di 912, quella di Kenan 912, quella di Enos 905.
Esistono studi scientifici volti a stimare quale sarebbe la durata della vita umana se si correggessero i meccanismi di degenerazione ambientale, mentale e genetica e si riportasse il vivere ad una purezza naturale incontaminata.
Essenzialmente significa chiederci quanto a lungo vivremmo se ripulissimo dalla spazzatura l'ambiente, la mente e il DNA.

Un libro uscito nel 2009 dal titolo *Il prolungamento indefinito della vita* scritto da Antonella Canonico e Gabriele Rossi, due ricercatori esperti rispettivamente di psiconeurofisiologia e intelligenza artificiale sostiene la tesi della semi-immortalità. Secondo i due studiosi la vita umana potrebbe facilmente durare intorno ai 1000 anni, e le attuali conoscenze scientifiche renderebbero concreta questa possibilità in una data stimata tra il 2030 e il 2060. La coincidenza fra la loro ipotesi e il resoconto biblico è un indizio stimolante.

Del resto quello dell'immortalità è stato sempre il tema centrale di tutte le religioni.

Scendiamo ora di un gradino verso la concretezza e poniamoci la domanda:

Come risolvere il dramma, una volta che è stato creato?

Il punto è che il dramma non può essere risolto dall'interno, cioè il dramma non può risolvere se stesso.
Detto altrimenti: la chiusura crea il dramma, il dramma crea altra chiusura che crea altro dramma….
È un processo che continuamente riproduce e rigenera se stesso.

Se il dramma non può essere risolto, può invece essere dissolto e, meglio ancora, può non essere creato affatto.

Per far questo serve un cambio di atteggiamento: uno spostamento dalla chiusura all'apertura.
Con l'apertura, il dramma incomincia a dissolversi e se essa diventa un'attitudine costante, il dramma non verrà più creato.

Come passare dalla chiusura all'apertura?

La parola dramma viene dal gergo teatrale.

La similitudine che paragona la vita a un'opera teatrale o a un film è stata lungamente usata e anche noi ne approfitteremo.

Un celebre aforisma di Oscar Wilde afferma: *Meglio essere protagonista della propria tragedia che spettatore della propria vita.*

Questo aforisma è un ottimo esempio di chiusura, frutto di un'attitudine mentale che divide, contrappone, esclude e quindi chiude.

Il nostro primo compito è aprire questo aforisma e farlo sbocciare operando un cambio di attitudine mentale, che ci consenta di passare da un pensiero esclusivo, del tipo "o …o", a un pensiero inclusivo, del tipo "e…e".

L'aforisma ci pone davanti al bivio: essere protagonista della propria tragedia o spettatore della propria vita.

Perché mai dovrei scegliere fra due prospettive così miserevoli?

È come se essendo ammalato di peste mi rivolgessi al medico e questi mi rispondesse che se mi guarisce dalla peste, mi infetterà col colera. Perché mai dovrei scegliere fra peste e colera, quando posso essere sano?

Perché scegliere se essere protagonista della mia tragedia o spettatore della mia vita quando posso essere protagonista della mia vita?

Perché della mia vita non posso essere al tempo stesso protagonista, spettatore e quant'altro ritenessi utile e desiderabile? Perché non artefice?

Perché non il felice creatore di una vita felice?

Possono sembrare domande assurde, eppure per i latini non lo erano, visto che ci hanno tramandato la massima, attribuita a Sallustio, *Faber est suae quisque fortunae* che potremmo tradurre con *Ciascuno è creatore del proprio destino.*

Se abbandono il giudizio sugli uomini e l'abitudine a dividerli in buoni e cattivi, in amici e nemici, ciò che ottengo è **una visione imparziale dell'umanità**.

Essa mi mostra che gli uomini sono tutti diversi e percorrono strade loro proprie.

Ogni uomo, quindi, si muove all'interno di un film di cui è l'attore protagonista. Se non lo sa non gli resta che recitare la sua parte fino alla fine dei suoi giorni.

Visto questo posso chiedermi: "Se tutti sono all'interno di un film e non lo sanno, non è che anch'io sono all'interno di un film, tutto mio, e non lo so?". Non è difficile immaginare una risposta affermativa che, però, va verificata.

Così posso decidere di osservarmi con pazienza, attentamente e ripetutamente. È un inizio di conoscenza di me stesso che mi porta gradualmente a vedere come è fatto il mio film e in che modo io mi muovo in esso.

Continuando a recitare e a osservare il film di me stesso, un giorno sarò colpito da un'intuizione luminosa:
la ragione per cui posso recitare il film e contemporaneamente guardarlo è che non sono solo l'attore, ma anche lo spettatore!

Se non cesserò di coltivare questi due ruoli insieme, un giorno mi accorgerò che certe parti del film mi piacciono e altre non mi piacciono. Quelle che non mi piacciono le vorrei cambiare. Dovrò però rendermi conto che non posso. Infatti, l'attore può solo recitare, lo spettatore solo assistere.

Per il cambiamento serve altro. E qui è necessario un passaggio difficile, che può richiedere moltissimo tempo.

Consiste nel capire che possiedo una volontà di cambiamento, perché *non solo sono l'attore e lo spettatore, ma anche il regista.*

In me ci sono tutti e tre i personaggi e ognuno ha il suo ruolo: il regista crea la trama, l'attore la recita, lo spettatore guarda il film.

Il dramma esiste quando i tre personaggi sono divisi, e la trinità dell'uomo non forma un'unità perché si è frantumata.

Ricostruire l'unità significa uscire dal dramma e riacquistare la libertà di creare la propria vita.

Molti lo intuiscono, ma rifiutano o non cercano di farlo, perché acquisire la libertà significa assumersi la responsabilità, e la responsabilità è ciò che temono sopra ogni cosa.

Comunque, senza la presenza e la collaborazione di tutte e tre le figure, il film non può cambiare. Il film che sto recitando e guardando ora, dipende dalla trama che il regista ha scritto tempo addietro. Se per il domani voglio un altro film, bisogna che oggi incominci a scrivere una trama diversa, bisogna che oggi pianti i semi della nuova vita, i semi del futuro.

Non c'è limite alle trame che possono essere scritte e trasformate in film da recitare, vedere e modificare a piacimento. E così si comprende che

**la vita non è un dramma da subire,
ma una ricchezza di potenziali da forgiare,
usando la creatività**

Gesù ci parla spesso del regno dei cieli.

L'interpretazione corrente è che egli parli del paradiso, un luogo che esiste dopo la morte. L'espressione *regno dei cieli* viene utilizzata 32 volte nei Vangeli e, mai una volta, viene indicato che si tratti di una condizione oltre la vita.

L'idea di un *luogo che esiste dopo la morte* è totalmente priva di senso e rende questo luogo irraggiungibile e la sua esistenza inverificabile.

Infatti, *luogo* si riferisce allo spazio, *dopo la morte* si riferisce al tempo.

Se il paradiso è un luogo, è possibile raggiungerlo in qualunque tempo, anche ora.

Se il paradiso è un tempo, allora può esistere ovunque, anche qui.

Tutti questi paradossi cessano, se si capiscono le parole di Gesù esattamente. Egli dice (Mt 18,3):

Se non cambiate e non diventate come bambini, non entrerete nel regno dei cieli.

E quando mai dovremmo farlo se non ora e dove mai se non qui? E allora si capisce che il regno dei cieli o paradiso non è un luogo e non è un tempo.

Il regno dei cieli è uno stato dell'essere e può esistere sempre e ovunque

È bene avere pazienza e affetto nei confronti del nostro pensiero e dei suoi limiti.

L'uomo ha sempre imparato, e tuttora impara, dall'esperienza. Per questa ragione il pensiero umano è nato e si è formato utilizzando i concetti di spazio e di tempo di cui è impregnato e da cui difficilmente riesce a prescindere.

Così si è consolidato il punto di vista per cui il mondo esiste nel tempo e nello spazio che sono due realtà ad esso preesistenti, due contenitori per le cose e gli eventi.

Questa visione confina la vita nel divenire, preclude l'accesso all'essere e sbarra le porte dell'eternità.

Infatti, quand'anche la coscienza si svincolasse dalle cose del mondo, rimarrebbe comunque intrappolata nel tempo e nello spazio.

Eppure basta aprire un po' la mente per produrre un altro punto di vista per cui

**Il tempo e lo spazio sono nel mondo
e non il mondo nel tempo e nello spazio**

Se dal mondo si togliessero tutte le cose, ed esso rimanesse assolutamente vuoto, scomparirebbero anche il tempo e lo spazio. Ciò è in perfetto accordo con la fisica contemporanea, la quale inoltre afferma che *il vuoto è pieno di potenziali*.
Significa che il vuoto è *il Nulla* dal punto di vista materiale, ma è *il Tutto* dal punto di vista potenziale.
La fisica afferma anche che è la coscienza che fa collassare i potenziali in realtà. Appare chiaro il collegamento col buddismo e la sua concezione del vuoto, così come con l'induismo e la sua idea di *sat-cit-ananda* che è la coincidenza di essere, coscienza, e beatitudine. Che la scienza moderna si ricongiunga con la sapienza antica è veramente un fatto degno di nota.

Riprendiamo il nostro ragionamento.
Se il tempo e lo spazio sono nel mondo e non viceversa, comprendiamo che allorché la coscienza va al di là del mondo, va anche al di là del tempo e dello spazio. Va nella dimensione dell'essere. Nella realtà, concretamente, il pensiero umano, pur operando nel mondo, può iniziare a svincolarsi dalle categorie di spazio e di tempo e, allontanandosene un po', entrare in un'altra dimensione. Questo entrare ha diversi gradi che sono stati chiamati con vari nomi: intuizione (dal latino intus ire cioè entrare dentro), ispirazione, illuminazione, estasi, visione… etc.

Ciò che conta è che

**all'allontanarsi dal tempo e dallo spazio
corrisponde un avvicinarsi alla verità**

Simone Weil, brillante pensatrice, scomparsa a soli trentaquattro, anni afferma:

È impossibile che la verità non sia presente in ogni tempo, in ogni luogo, a disposizione di chiunque la desideri.

Profonda riflessione a cui mi sentirei di aggiungere:

Vi fu un istante, nella storia del mondo,
in cui la verità fu proclamata ad alta voce,
ma tutti erano indaffarati e nessuno ascoltò.

Quale fu quell'istante?
Quell'istante è ogni istante!

E qual è quella verità?
Come... non la senti?

A tutto ciò si riferisce Gesù quando dice (Mt 24,35):

Il cielo e la terra passeranno, ma le mie parole non passeranno

Ritorniamo al paradiso.
È un cielo dagli orizzonti sconfinati, è la vera vita che si rivela come possibilità, dono, ricchezza e non miseria e limite.

Gesù ci invita a cambiare e ritornare come bambini.
Come sono i bambini? Sono innocenti e sono aperti ad ogni possibilità.

È l'atteggiamento di totale apertura
quello che caratterizza i bambini

Il cambiamento che viene suggerito è quello di abbandonare le certezze, la superbia, il dramma e, come i bambini, riaprirsi alla vita.

**Quando l'uomo si apre alla vita
il regno dei cieli si apre all'uomo**

**Il Regno dei cieli è
l'immenso orizzonte di possibilità
che possiamo riconoscere, scegliere e comprendere,
cioè prendere con noi, per utilizzarle
nel costruire la nostra vita e il suo significato**

Infatti, la vita individuale non ha un significato precostituito, cosa che la renderebbe inutile e senza valore da un punto di vista evolutivo, ma un significato che va cercato, scelto, contemplato e infine, costruito.

**La costruzione del significato della vita
coincide con lo sviluppo della coscienza
e la crescita dell'essere**

Quando un uomo diventa capace di vedere l'immensa ricchezza di possibilità che gli è stata offerta, la grande quantità di materiali disponibili per costruire il senso della sua vita e incomincia a farlo, diviene consapevole di aver ricevuto un grande dono e *la gratitudine invade la sua anima.*

Si tratta di un dono così grande, non delimitato, funzionante ovunque e su qualunque scala, da poter risultare astratto e invisibile solo perché difficile da concepire nella sua grandezza.

**È un tutto che può essere scambiato per un nulla,
come sempre accade per le cose semplici ed essenziali**

Quando un uomo però, avutane l'intuizione, ne conquista la percezione, e si apre ad esso, in quell'attimo,

**diventa partecipe del regno dei cieli
e non importa
se ciò accade prima o dopo la sua morte fisica**

Così il tema iniziale dell'atteggiamento di apertura assume tutta la sua importanza perché non è solo l'apertura nei confronti di questo o quell'aspetto, questa o quella conoscenza, ma l'apertura nei confronti della vita intera e dei suoi potenziali.
Inoltre

**se non siamo nell'apertura,
il regno dei cieli ci sfugge**

Gesù ci mette in guardia da questo rischio dicendo (Mt 21,31):

Ladri e prostitute vi passeranno davanti nel regno dei cieli

Si tratta di un grande tema che, per non restare teoria, ha necessità di essere portato nella concretezza. Infatti, anche chi leggesse questo stesso testo senza essere nell'apertura non lo comprenderebbe.

Scendiamo di un altro gradino e chiediamoci: Come posso io, ora, incominciare ad entrare in un atteggiamento di apertura?

Lo strumento principe è l'autosservazione: osservare se stessi e il proprio quotidiano. Vedere come è fatta la propria chiusura, come si produce e come funziona.
È una prigione, anche se immateriale, ed è indispensabile conoscerla profondamente per poterla smantellare.
E siccome ogni prigione è diversa, anche il percorso di liberazione di ognuno è diverso.

Per tutti però si tratta di osservarsi, approfondire la conoscenza di sé, modificare atteggiamenti e comportamenti, verificare le trasformazioni avvenute e, come frutto di questo lavoro, vedere il proprio mondo allargarsi.

Contemporaneamente si verifica un cambiamento della qualità della vita, perché ciò che era impossibile in un mondo piccolo, diventa possibile in un mondo più grande. Infatti

espandere il proprio mondo
serve a rendere possibile l'impossibile

Tante osservazioni si possono fare, e tutte forniranno elementi preziosi per modificare, passo dopo passo, il proprio rapporto con la vita e quindi ampliare la lettura del mondo.
Un grande aiuto sarà dato dalle sacre scritture e da tutto ciò che sia capace di orientarci all'amore, alla verità, alla bellezza, al bene individuale e collettivo, all'essenzialità e alla responsabilità.

In termini al tempo stesso concreti e generali, non si può dire altro, poiché è dalla natura delle osservazioni fatte che dipende lo svolgimento del cammino di ognuno.
È un cammino squisitamente personale, su cui solo il soggetto può esprimersi, perché, come si è detto, egli è il regista che scrive la trama.

È però possibile citare qualche esempio tratto dalle esperienze testimoniate da altre persone.

Alcuni si osservano nella continua difesa di sé e nell'accusa degli altri, causate dal fatto che pensano e sentono come delle vittime.

Altri si accorgono di vivere in un clima di guerra permanente che non permette loro di deporre le armi, neppure mentre dormono.

Altri ancora vedono che la ricerca del piacere è per loro totalizzante e che spendono tutte le loro energie nell'inseguirlo.

Vi sono poi coloro che riconoscono in sé la prepotenza o la pigrizia e coloro si accorgono di essere vittime della vanità.

Molti osservano la loro chiusura esprimersi nella rigidità della mente o nella durezza del cuore o nella contrazione del corpo. Ciò offre loro la possibilità di capire perché non riescono a trarre insegnamento dagli eventi della vita. Infatti, la collaborazione di corpo, cuore e mente è indispensabile per una vera ricettività che consenta di vivere esperienze reali, profonde e totalizzanti.

Un buon esempio è quello di chi, resosi conto di vivere in uno stato di totale irrequietezza, entra in conflitto con la sua mente e incomincia ad assumere dei tranquillanti.
Con l'autosservazione scopre che la mente è solo il luogo in cui i problemi si manifestano e che la causa è la paura e non la mente.

Se la paura è forte e la mente debole, quest'ultima obbedisce alla paura producendo pensieri che alimentano la paura stessa.
Questa situazione in cui la mente obbedisce alla paura e non alla ricerca della verità è una situazione in cui l'ordine naturale è stato sovvertito e sembra una situazione senza via di uscita.

Tuttavia la persona grazie alla riflessione, alla meditazione e all'approfondimento delle sacre scritture, può ripristinare un retto pensiero che opera secondo verità.
La mente, rieducandosi alla realtà e alla verità, si fortifica e si riappropria di una sua importante funzione che è quella di fornire continuamente la direzione e ripristinare l'ordine naturale delle cose all'interno di un contesto di realtà. In tal modo riporta le emozioni umane ad una giusta misura che fornisce soluzione ai falsi problemi creati dalla paura.

Di questa misura delle cose, e dei problemi che comporta allontanarsene, era ben consapevole il poeta latino Orazio che afferma: *Est modus in rebus: sunt certi denique fines, quos ultra citaque nequit consistere rectum.*

C'è una misura nelle cose:
vi sono precisi confini, oltre i quali
non può sussistere il giusto.

Significa che senza un uso corretto della mente, senza la rettitudine, che è la capacità di muoversi con perseveranza lungo una linea retta che va nella direzione scelta, il giusto non può esistere. Infatti, chi è incapace di mantenere una direzione, perché devia continuamente, non può ricercare il giusto, coltivarlo, raggiungerlo, né tantomeno viverlo.
Ciò accade quando la paura, dopo aver spodestato la mente, prende il comando del *gioco della vita* e fa sì che la direzione cambi ad ogni passo. Si produce allora quel disagio, doloroso e inconcludente, che va sotto il nome di irrequietezza.

L'ultimo esempio descritto si riferisce ad una situazione particolarmente difficile che ci mostra come

una continua messa a punto del vivere
trova nella pazienza e nella perseveranza
i suoi più grandi alleati

e può, nel tempo, rimediare alla malattia della chiusura e produrre il ritorno alla vita.

Capitolo 6

Un nuovo equilibrio

Un nuovo equilibrio

Molto spesso, la vita dell'uomo ondeggia tra due estremi:
la volontà di controllo e **l'impulso a lasciare andare**.
Sono due poli opposti che si alternano e alimentano a vicenda.

Allorché mi accorgo che vengo travolto dagli eventi, avverto la paura di perdermi e reagisco attivando il controllo.
All'inizio, ciò mi dà una certa tranquillità perché la paura scompare, ma poi, esercitato il controllo per un certo tempo, avverto un senso di pesantezza e di costrizione che mi spinge ad allentare la pressione e a lasciare andare.
Subito, mi sento più leggero, ma poi, gli eventi ricominciano gradualmente a sfuggirmi di mano.
Appena me ne accorgo la paura riemerge, e riattivo il controllo.

È un ciclo ripetitivo, che consuma moltissima energia e produce *la fatica del vivere*. Esso trae origine dal fatto che non riesco, al tempo stesso, ad

essere e fluire,
condurre me stesso e lasciare andare

Il risultato finale è che non sono capace di

guidare la mia vita nella leggerezza

In termini generali,

il fatto che due poli opposti
si alternino in maniera ripetitiva e inconciliabile,
è indice di uno squilibrio

È uno squilibrio che deriva da una mancanza di comprensione che mi porta ad identificarmi, ora con l'uno, ora con l'altro dei poli, senza mai poterli contenere, cioè comprendere, entrambi.

È una continua oscillazione, simile a quella del pendolo, che ci trasforma in *pendolari della vita*.
Può anche essere vista come una prigione o, semplicemente un limite, in cui comunque non c'è pace, ma solo irrequietezza.

Per uscire da questo stato basterebbe produrre la capacità di contenere gli opposti, se non fosse che

**gli opposti non possono mai essere contenuti
dal contenitore che li interpreta come tali**

È il contenitore che deve cambiare: non semplicemente diventare più capiente, ma trasformarsi, acquistando in qualità e non solo in quantità. La trasformazione consiste nel

salire di un gradino nella scala dell'essere

cioè accedere a un piano più elevato, caratterizzato da un punto di vista superiore e da un maggior grado di comprensione e di coscienza.

**Sul nuovo piano, gli opposti cessano di essere tali
e la polarità non si forma**

Affinché tutto ciò possa risultare chiaro, bisogna riuscire a vedere che
**la vita si svolge su un piano orizzontale,
mentre l'essere si sviluppa in direzione verticale**

Salendo i gradini della scala, si incontrano nuovi piani, uno per ogni gradino. Un piano non è altro che la nuova comprensione della vita cui ho avuto accesso, salendo il gradino sottostante.

Non è difficile intuire che

una nuova comprensione della vita è una nuova vita

Esistono diversi piani di esistenza ove la vita si ripropone a livelli sempre più alti.
Salendo di un solo gradino, essa sembra cambiare di poco, perché ogni cosa resta simile a ciò che era, soprattutto esteriormente. In realtà acquista maggior valore, diventa più preziosa e ricca di significato, mentre si aggiungono nuove funzioni e nuove possibilità si manifestano. Per dirlo con più semplicità:

**l'alto contiene il basso, lo arricchisce
e gli apre un nuovo orizzonte**

Ciò spiega perché

la qualità della vita cresce con l'essere

Infatti, per indicare una buona qualità di vita si usa spesso il termine ben-essere.

Muoversi, vivere ed espandersi su un piano, non produce cambiamento dell'essere.

Un uomo può guadagnare molto denaro e acquistare proprietà; allora avrà molte ricchezze, ma sarà ancora lo stesso uomo.
Un altro potrà studiare molto e acquisire grandi conoscenze; allora avrà molto sapere, ma sarà ancora ciò che era.

Sono tutte conseguenze del fatto che

**il piano orizzontale è il piano dell'avere;
è il luogo della quantità, dove è possibile acquisire beni
senza che l'essere cambi**

Per "bene" intendiamo ciò che è utile: utile nella vita e utile alla vita. I beni non quindi sono solo i beni materiali, come le cose o il denaro, o i beni emozionali, come le emozioni o i sentimenti o i beni intellettuali, come i pensieri o le conoscenze, ma anche e soprattutto, le esperienze. Tuttavia

**l'acquisizione dei beni non è la crescita dell'essere
perché l'essere non è l'avere,
la quantità non è la qualità
e l'accumulo non è il cambiamento**

Se l'acquisizione dei beni non è la crescita dell'essere, ne è però il presupposto irrinunciabile e la base.

È come per un atleta che volendo saltare in alto, deve prende la rincorsa. La rincorsa permette il salto, ma non è il salto.
Infatti, è possibile prendere centinaia di rincorse e non saltare mai.
Tuttavia, senza una adeguata rincorsa, il salto è impossibile.

Allo stesso modo, per poter salire, è indispensabile un'esperienza adeguata del piano su cui ci si trova.

Metaforicamente: è necessario accumulare una certa quantità di esperienze per salire sul mucchio accumulato cioè sulla collinetta di esperienze costruita.

Quanto lunga e accurata deve essere la rincorsa dell'atleta per riuscire a saltare?

La rincorsa deve essere molto accurata (attenzione ad ogni passo) e lunga quel che serve ad acquisire l'energia necessaria a spiccare il salto.

Quanto lunga e accurata deve essere la permanenza di un uomo sul proprio piano?

Deve essere molto accurata (consapevolezza di fronte agli eventi) e lunga quel che serve per acquisire la comprensione necessaria a salire il gradino.

Ma qual è questa comprensione necessaria?

Il piano è il mondo in cui vivo ed è immensamente esteso. Le cose che contiene e le esperienze che promette sono veramente molto numerose, praticamente infinite.
È facilissimo **perdersi nel mondo** che attrae e seduce attraverso la quantità delle esperienze che offre. Eppure a ben guardare, esse sono poche; sembrano moltissime perché si presentano sotto innumerevoli forme, ma, viste nella loro essenzialità, sono poche. Ciò che seduce non sono quindi le cose o le esperienze, ma le forme che esse assumono e da cui ci lasciamo attrarre in virtù del piacere che promettono.

Il piacere è una promessa di felicità, ma non è la felicità

È una promessa illusoria, che non viene mai mantenuta, poiché nessuna felicità è possibile se non nell'essere.
Infatti
**la felicità è uno stato
e non un'ebbrezza**

È una condizione in cui possiamo essere, ma che non possiamo avere. Non possiamo comprarla, possederla e neanche ritenerla acquisita definitivamente. Difatti la perdiamo ogni volta che permettiamo che qualcosa ci seduca, portandoci sotto il suo dominio. Quando ciò avviene, distolti da noi stessi,

**dimentichiamo la realtà dell'essere
e cadiamo nell'illusione dell'apparenza**

L'infelicità segue a ruota.

**L'uomo viene sedotto
perché non dimora stabilmente nel proprio centro
e dimentica di essere e di aver valore,
qualunque cosa accada**

Quando succede questo, l'uomo diventa

**assente dalla propria vita
per mancanza di sé**

e vive in uno stato di mancanza cronica che cerca di colmare inseguendo bisogni e desideri. Così

**cercando di possedere,
viene posseduto**

In questo modo può rimanere sul suo piano per tempi lunghissimi, nella ripetizione delle stesse esperienze sotto forme diverse.
Quando si recita sempre lo stesso film significa che la vita è diventata sopravvivenza.

118

Molti uomini hanno compreso *la vanità di perdersi nel mondo* e il pericolo di esserne risucchiati, per cui alcuni hanno scelto la via di fuggire dal mondo.

Questa non è però la risoluzione migliore, ma un'altra illusione. Infatti, il mondo esiste per essere vissuto, e poi trasceso, ma non per essere negato.

Come spesso accade, la giusta via ci viene indicata da Gesù che ci invita ad

**essere nel mondo
ma non del mondo**

Queste poche parole sono la giusta conclusione del nostro lungo discorso e ne costituiscono il perfezionamento. Del resto

**tutto il Vangelo di Gesù
è una scuola dell'essere**

Gesù ci suggerisce di **essere nel mondo.**
Significa vivere pienamente il movimento della vita rimanendo però saldamente ancorati al centro del nostro essere: l'anima, l'essenza, ciò che realmente siamo oltre ogni apparenza, forma e cambiamento. *L'anima è l'eterno collegamento col tutto.*

Ci suggerisce anche di **non essere del mondo.**
Significa ricordarsi sempre che il mondo è semplicemente una palestra per l'anima: è il luogo dove l'anima compie le sue esperienze e svolge il suo allenamento, la scuola dove studia. Quando l'allenamento ha dato i suoi risultati, è inutile e controproducente, continuarlo.
Lo studente è pronto per un'altra classe.

Infatti il mondo è per l'anima e non l'anima per il mondo, così come la palestra è per il ginnasta e non il ginnasta per la palestra.

Se io ho consapevolezza di essere l'anima e non il corpo, perché non confondo il vestito con colui che l'indossa, vedrò con estrema chiarezza che

**il mondo esiste per me
ed io non esisto per essere posseduto dal mondo**

La chiave di una vita felice, vissuta nell'amore e non nella paura, è quella di avere sempre presente che

**siamo anime che vengono al mondo
per apprendere la lezione dell'essere**

e che il corpo è lo strumento di questo apprendimento.

Va da sé che la morte riguarda il corpo e non l'anima e che rappresenta un dramma solo se ci identifichiamo col corpo.

Ci eravamo chiesti quanto a lungo un uomo deve continuare l'esperienza sul suo piano. Ora è semplice rispondere: deve continuare finché è utile, e lo è fino a quando egli non ha compreso l'insegnamento che quel piano gli offre.
Se continua dopo quel momento, la vita diventa sopravvivenza, cioè sterile ripetizione. Può essere difficile riconoscere quando l'insegnamento di un piano è concluso perché esso sembra offrire sempre nuove possibilità.
Arrivati a un certo punto, però, una visione profonda e una comprensione adeguata mostrano che quelle nuove possibilità, in realtà, sono vecchie. Infatti, il piano è un maestro, e allorché il maestro ti ha insegnato tutto ciò che sa, non può offrirti altro.
A quel punto, l'uomo consapevole di sé e della posizione raggiunta sul suo cammino evolutivo, dirà: *qui non c'è più niente da imparare, me ne vado.*

Detto in maniera ancora più precisa: l'apprendimento su un piano è concluso allorché il soggetto ha compreso il significato di quel piano, perché si è messo in sintonia con le leggi che lo governano e lo fanno funzionare, e le ha pienamente interiorizzate. Ciò significa che egli vive rispettandole spontaneamente e liberamente, perché ha compreso che esse non servono a impedire, ma a permettere. Ha compreso che sono la via, donata all'uomo, per realizzare e dare corpo alle proprie aspirazioni e ai propri sogni invece che limitarsi a immaginarli. Ha compreso che le leggi non creano schiavitù, come credono gli spiriti ribelli, ma libertà. Questo è un punto di grande importanza, il cui approfondimento ci porterebbe troppo lontano.

Siccome però, ho affrontato un po' questo tema in un altro libro dal titolo **_Le leggi di funzionamento_**, appartenente, come il presente, alla collana **Statale34**, rimando ad esso chi desiderasse approfondire.

Chi comprende il valore delle leggi, arriva a sentire l'affinità con la benevola intelligenza che è all'origine delle leggi e le ha create. Ciò gli permette di sentirsi figlio di quella realtà che alcuni chiamano Vita e altri chiamano Dio. Allora è pronto a distogliere lo sguardo dal piano orizzontale e a rivolgerlo verso l'alto.

Si è visto che lo squilibrio, e quindi il conflitto degli opposti esistente su un piano, scompare salendo la scala verticale dell'essere. Continuando a salire, si produce la graduale estinzione di ogni guerra. Di conseguenza,

la via verticale è la via per la pace

Gesù lo conferma pienamente quando dice (Giovanni 14,27):

vi do la mia pace.
Quella che il mondo non può dare,
io la do a voi

Il mondo non la può dare perché non ce l'ha. Non ce l'ha perché nel piano dove si svolge la vita del mondo, quella pace non c'è. Quindi Gesù ci dice che per ottenere la sua pace dobbiamo rivolgerci a lui, andare verso di lui. Siccome è più in alto di noi, ecco che andare verso di lui significa salire.
Salendo accediamo ad un livello ove la sua pace esiste e noi possiamo riceverla.

Un livello della scala dell'essere ha una completa comprensione dei livelli sottostanti e trasforma in pace ciò che in essi è guerra. In ogni livello, quindi, risulta pacificato tutto ciò che è al di sotto.

Per designare la realtà che si trova alla sommità della scala dell'essere, è stata molto spesso utilizzata la parola Dio.

Per questo G.I. Gurdjieff nel suo libro *La vita reale* afferma che

Dio è il giusto conciliatore di tutto ciò che esiste

In Lui tutto trova il suo senso, la sua pace e la sua giustizia.

Due parole sulla relazione fra i livelli.

Il livello superiore include e comprende il livello inferiore.
Il livello inferiore non include e non può comprendere il livello superiore.
Per questa ragione

**ogni verità proveniente dal livello superiore
viene quasi sempre combattuta nel livello inferiore**

Ciò accade perché il contatto con ciò che viene dall'alto scatena la paura di coloro che nutrono attaccamento al proprio piano.

Intuiscono che,

**se accogliessero quella verità,
nulla potrebbe restare come prima**

Sarebbero costretti a cambiare, mentre il cambiamento è proprio ciò che non vogliono. Sono ancora del mondo e difendono la loro appartenenza al mondo.

Tutto ciò fa capire perché Gesù è stato messo in croce e perché, sulla croce, è stato capace di dire: *Padre perdona loro perché non sanno quello che fanno.* Non era compreso, ma comprendeva.

Esiste però la possibilità che un individuo del livello inferiore, entrando in contatto con ciò che scende dall'alto non lo combatta, ma resti, senza paura, in una condizione di apertura che permette l'incontro. Ciò accade perché è pronto.
Ha fatto esperienza approfondita del proprio piano e vi è ben poco che lo tiene attaccato ad esso. Accetta la possibilità che scende dall'alto e vede in quell'incontro un miracolo.

È come un fiotto di luce che, attraverso una piccola apertura, entra in un mondo buio. L'esperienza in quel momento è talmente meravigliosa che nulla di conosciuto può ad essa essere paragonato e l'individuo che la vive, giustamente, grida al miracolo.

**Il miracolo è il vissuto di colui che accetta il contatto
con un evento di un mondo superiore**

È ovvio che quell'evento, nel mondo superiore, non è un miracolo ma è la normalità.

In generale

**l'evento di un mondo
viene definito miracolo in un mondo inferiore**

Che cosa penserebbe un antico romano se ci presentassimo alla corsa delle bighe a bordo della nostra automobile?

Appare chiaro quanto sia sciocco interrogarsi sulla possibilità e l'esistenza dei miracoli, tanto più se intesi come eventi che contraddicono le leggi della natura.
Eppure è un tema che ha occupato un posto importante nella storia della cultura occidentale. Sono stati scritti dotti volumi, in gran copia, ma con scarso profitto.
Sono stati versati fiumi di inchiostro, continuando, come diceva G.I. Gurdjieff, a *versare il vuoto nel nulla*.
Del resto se il mondo è solo un piano orizzontale, l'interrogativo sull'esistenza dei miracoli non può avervi risposta, anzi vi saranno due riposte diametralmente opposte che si annulleranno a vicenda. Infatti tra sostenitori e negatori del miracolo è sempre esistito, ed esiste tuttora, un conflitto insanabile, cosicché quando si parlano non si capiscono e spesso non si ascoltano neppure.

La ragione di ciò, come già detto, risiede nel fatto che

**un conflitto irrisolvibile
trae origine
da un'insufficienza dell'essere**

Invece se si riesce a concepire l'idea che esiste la direzione verticale dell'essere, è facile concludere che

**i miracoli esistono,
e avvengono secondo le leggi della natura**

124

e anche che

**i miracoli sono
la vie di comunicazione
tra i livelli dell'essere**

quindi, non sono in contrasto con la natura, ma sono da essa previsti.

Il malinteso nasce perché i miracoli sono in contrasto, non con le leggi della natura, che del resto non conosciamo nella loro totalità, ma con la parziale e limitata conoscenza che ne abbiamo.

I miracoli sono in contrasto con la nostra ignoranza

Ciò non dovrebbe assolutamente essere un problema, ma uno stimolo alla ricerca e all'ulteriore esplorazione della realtà.
Scambiare la nostra parziale conoscenza delle leggi della natura, con le leggi della natura nella loro interezza, è certamente un atto di arroganza. Similmente, scambiare il piccolo conosciuto, con l'immenso sconosciuto, così come attribuire al tutto le caratteristiche della parte, è un atto di notevole cecità e ignoranza. Sono tutti malfunzionamenti della mente umana che nascono dalla paura e dal bisogno di sicurezza, e consistono nel sostituire, il conosciuto allo sconosciuto, e il limitato all'illimitato.
La sicurezza che si ottiene è, però, illusoria e sfocia nella nascita di paradossi e sterili situazioni di conflitto come quella appena descritta.

Ampliare l'argomento della funzione del miracolo, ci porterebbe molto lontano e richiederebbe l'impiego dei concetti della fisica moderna, per questo motivo ci limitiamo alla sola affermazione che

la sorgente del miracolo è la luce

Ritorniamo al tema della scala dell'essere:

il salire nella scala dell'essere
incomincia sempre con la visione del miracolo

Più precisamente le esperienze sul piano orizzontale preparano al salire, perché consentono di iniziare a concepire l'alto, e di rivolgere lo sguardo verso di esso.
Ad un certo punto il miracolo sembra avvenire. In realtà non avviene perché c'è sempre stato, ma sembra avvenire perché si è aperta la visione, la capacità di vederlo.
Avviene per colui che lo vede per la prima volta.

In seguito, la visione del miracolo può ripetersi sempre più spesso in modo da costituire non solo l'inizio del salire, ma anche la motivazione e la spinta. Ciò spiega la frase di Gesù (Gv 3,3): *se uno non rinasce dall'alto non può vedere il regno di Dio.*

La visione del miracolo può, però, anche essere perduta. Così come l'amore, producendo coraggio e apertura, ha permesso al miracolo di diventare visibile e manifestarsi nel nostro mondo, allo stesso modo la paura, e la conseguente chiusura, possono renderlo invisibile e farlo scomparire dal nostro mondo.

Ciò è descritto perfettamente dal passo del Vangelo in cui Gesù cammina sull' acqua (Matteo 14,26).

Sul finire della notte,
Gesù andò verso i suoi discepoli camminando sul mare.
Quando essi lo videro camminare sull'acqua
furono presi da spavento.
Dicevano: "È un fantasma" e gridavano dalla paura.
Ma subito Gesù parlò loro:
"Coraggio, sono io, non abbiate paura".

Pietro lo pregò dicendo:
"Signore, se sei tu, comanda che io venga da te sull'acqua".
Ed egli disse: "Vieni!".
Pietro scese dalla barca e si mise a camminare sull'acqua
andando verso Gesù.
Ma vedendo che il vento soffiava forte, fu preso dalla paura e,
poiché cominciava ad andar giù, gridò: "Signore, salvami!".
Subito Gesù stese la mano, lo afferrò e gli disse:
"Uomo di poca fede, perché hai dubitato?".

I discepoli si trovano di fronte all'evento, sconosciuto e inconcepibile, di un uomo che cammina sull'acqua.

È un miracolo, eppure ciò che per loro esiste, in quel momento, è soltanto la paura.

Amano Gesù, ma *la paura ha il sopravvento sull'amore*, cosicché non sono neppure capaci di riconoscere il maestro.

Gesù li rassicura e li invita a non aver paura, ma coraggio.

Pietro ci riesce e così ha la visione.

In quell'attimo per Pietro

si apre la porta della vita,
la porta di una dimensione senza limite né tempo
dove ciò che esiste è la Possibilità

Egli esce dal mondo della sopravvivenza ed entra nella vita perché, non solo concepisce che si possa camminare sull'acqua, ma riesce a vedere Gesù che lo fa, e ritiene che anche lui può farlo.

L'amore è grande e la paura assente, e quindi decide di raggiungere il maestro che gli dice: "Vieni".

Il maestro dice "Vieni" ed egli va'.

Così si trova a vivere il miracolo di camminare sull'acqua perché la visione si è trasformata in realtà.

Pietro non solo ha visto, ma scelto, deciso e fatto.

Se avesse avuto fede, cioè si fosse mantenuto fedele alla visione, avrebbe raggiunto il maestro e sarebbe stato dove Lui era.

Questa passeggiata sull'acqua è un movimento orizzontale dal punto di vista fisico, ma verticale dal punto di vista dell'essere.

In seguito, però, allorché un evento esterno fa sì che la paura riprenda il sopravvento, in attimo, l'amore è dimenticato e la visione scompare.

Il nuovo mondo, appena intravisto, si dissolve come un miraggio.

Pietro esce dal mondo della vita e ritorna a quello della sopravvivenza e implora il maestro di salvarlo.

Prima chiedeva di camminare sull'acqua, ora di essere salvato.

Il passaggio dall'amore alla paura, dalla ricchezza alla miseria, dalla possibilità al limite è evidente.

Gesù lo salva ma lo rimprovera: "Uomo di poca fede, perché hai dubitato?".

Quest'ultima frase, grazie al contesto in cui è inserita, ci fa capire che la fede non è, come si crede comunemente, una forma di cecità che scomunica il dissenso, censura ogni dubbio, e non permette altro da sé.

Quella non è fede, ma un misto di ignoranza e di paura.

La fede è la fedeltà alla visione

È la capacità di conservare la visione, acquisita in un momento di grazia, di miracolosa apertura, e rimanere ad essa fedeli, senza diventare preda della paura quando si è di fronte alle difficoltà.

Se la paura si impadronisce del mondo delle emozioni, il dubbio si impossessa della mente e la visione scompare.

Ciò significa che il dubbio può distruggere la visione, ma non che la fede inibisce il dubbio.

Semplicemente

**la fede non è credenza,
ma visione**

per questo

**la fede trascende il dubbio
perché chi ha fede, vede profondamente,
e non dubita di ciò che sta vedendo,**

al contrario chi non vede, cioè non ha fede, dubita di tutto ciò che non vede compreso ciò che precedentemente aveva visto.

Ecco perché, nelle scritture sacre di quasi tutte le religioni, acquisire, perdere e ritrovare la fede viene simbolicamente indicato con acquisire, perdere e riacquistare la vista.

Possiamo allora rivedere l'idea che comunemente si ha della fede, e affermare che

**la fede non è un credere cieco e ottuso,
ma un vedere oltre le apparenze,
in maniera profonda e permanente**

Conclusione

Il tema iniziale dello squilibrio è servito da pretesto per sviluppare molte considerazioni, forse un po' disordinate, ma che si snodano su vari livelli.

Grazie ad esse possiamo dire sullo squilibrio due parole conclusive anche se a questo punto risultano totalmente scontate.

L'uomo vive lo squilibrio perché è nello squilibrio.
All'interno di questa modalità non c'è soluzione perché qualunque azione compiuta nello squilibrio non farà che aumentare lo squilibrio stesso.

La soluzione è invece in un cambiamento dell'essere, lungo la direzione verticale che si percorre quando si ricerca sinceramente, coraggiosamente e incessantemente la verità e per amor suo si mette in gioco la propria vita.

Capitolo 7

La natura del gioco

La natura del gioco

**L'origine di ogni cosa è detta Creatore
Il Creatore crea il gioco e i giocatori**

Egli genera i giocatori da se stesso e quindi ne è il padre. I giocatori, fatti della sostanza del creatore, sono figli creati a sua immagine e somiglianza.

Del padre rispecchiano la perfezione, ma non ne hanno la totale coscienza e comprensione che invece appartengono solo a Lui. Ognuno possiede un frammento di coscienza del tutto, e può evolversi, ampliando questo frammento.

L'evoluzione è l'evoluzione della coscienza.

I giocatori, mettendosi in gioco nel gioco, interagiscono fra di loro ed

**esplorano la grandezza della creazione
riconoscendo l'affinità fra di loro
e con colui che li ha generati**

Nel dispiegarsi del gioco si riconoscono sempre di più fratelli e figli del padre.

Il gioco li conduce, passo dopo passo, a ritornare nel seno paterno, entrando in quell'unione fra loro e con lui, che corrisponde a una comprensione sempre più ampia del tutto e della vita.

Il gioco è detto **VITA**, parola formata dalle iniziali dei nomi degli elementi che in essa si muovono e si combinano incessantemente:

Ventus (aria), **Ignis** (fuoco), **Terra** (terra) e **Aqua** (acqua).

Il gioco della vita è un tutto, perfetto in se stesso, come colui che l'ha creato.
Lo possiamo immaginare come una sfera dal raggio infinito.

Nulla può esservi aggiunto: non si saprebbe da dove prenderlo.

Nulla può esservi tolto: non si saprebbe dove metterlo.

Il gioco non può essere modificato, può solo essere giocato.
Siccome però si svolge nel tempo e nello spazio, può essere giocato a varie velocità, in luoghi diversi e affrontando le varie fasi in ordine differente.

Deve comunque essere giocato in tutta la sua interezza.
Per questa ragione anche se sembra che esistano tanti giochi, in realtà il gioco è uno solo dal momento che tutti i giochi formano un unico gioco.

Fra i giocatori che il Padre ha creato ne esistono due che hanno un ruolo speciale.
Sono giocatori come gli altri, ma è il loro ruolo che è speciale.
Essi sono il conduttore o custode e il seduttore o sabotatore.

Il custode-conduttore è il garante del gioco e si impegna a condurre il gioco rispettando le istruzioni date dal creatore.

Le istruzioni del gioco si chiamano Verità.

Il custode-conduttore è maestro di Verità; egli mostra che

**ogni cosa è verità
e che tutte le verità
sono un'unica Verità**

La sua è la via che porta all'unità.
Pace e libertà sono i suoi frutti.

Sopra ogni cosa il conduttore cerca di evitare la distruzione del gioco, secondariamente cerca di condurre un gioco quanto più possibile veloce, pieno di gioia e d'amore.

Le virtù che egli manifesta e di cui dà l'esempio sono: la capacità di mantenere una direzione, la fedeltà a se stessi, la perseveranza e, soprattutto, l'amore per la vita, la verità e il tutto.

**Il conduttore mette a frutto il tempo:
il cammino da lui indicato
è il cammino verso l'immortalità.**

Il sabotatore-seduttore ha come scopo di impedire lo svolgimento del gioco.
Egli cerca di distogliere in ogni modo i giocatori dalle istruzioni del gioco (Verità), attirandoli in altre direzioni attraverso la seduzione.

Il sabotatore-seduttore è maestro di menzogna.

La sua è la via che porta alla divisione.
Guerra e schiavitù sono i suoi frutti.

Siccome nella perfezione della creazione nulla di falso esiste,
bisogna comprendere che

la menzogna consiste
nel mettere una verità contro l'altra

Il seduttore distoglie il giocatore dal cammino verso la verità
facendogli credere ad una verità più gratificante, più vera, più
bella, più piacevole, più giusta.
Ciò, ovviamente, è illusorio poiché la Verità è una, però in questo
modo, riesce a generare in lui il rifiuto per il gioco e a ridurre il
suo desiderio di partecipazione.

Il giocatore, così sedotto, incomincia a sostituire gradualmente
l'illusione alla realtà, il bisogno all'amore, la mancanza alla
pienezza, il piacere alla felicità, la menzogna alla verità, l'io a
Dio.

A questo punto il gioco incomincia a rallentare e la Vita diventa
sempre più sopravvivenza. Continuando su questo cammino, il
giocatore crea intorno a sé disarmonia e guerra, ma la menzogna
lo porterà ad attribuire tutto questo ai comportamenti degli altri e
non a sé stesso.
Si sentirà incompreso, ma solo perché ha smesso di comprendere,
non amato, ma solo perché ha smesso di amare, abbandonato, ma
solo perché ha abbandonato il gioco.
Penserà di essere vittima di un'ingiustizia perché non viene
compreso, rispettato, amato. Non sarebbe impossibile per il
giocatore rendersi conto dell'inganno in cui è caduto: gli
basterebbe ricordare che Dio non può non essere giusto, non
comprendere, non rispettare e non amare.
Gli basterebbe analizzare in maniera imparziale la sua vita e le
sue relazioni per vedere quante possibilità sta distruggendo.

È per lui difficile poiché giustificazione, giudizio, certezze e convinzioni intervengono a impedirgli la visione della realtà e addirittura il riconoscimento dei fatti più evidenti.

E' questo il modo in cui il seduttore induce a sprecare il tempo.
Se ci riesce, raggiunge il suo scopo più grande: la distruzione del gioco della vita.
Il cammino da lui indicato è quindi il cammino verso la morte.

Tuttavia questa distruzione non riesce pienamente poiché, anche lungo il cammino della morte, il giocatore conoscerà se stesso, ritornando comunque alla fonte. Semplicemente la via che egli ha scelto è più lunga e piena di dolore.

Il conduttore e il seduttore sono, per il giocatore, semplicemente le strade di un bivio. Il bivio costituisce, in ogni istante, la possibilità della scelta e la scelta è la prerogativa attraverso cui si sviluppa la coscienza.

Sia il custode-conduttore che il sabotatore-seduttore sono parte del gioco e sono entrambi totalmente al servizio del Creatore.

Sogno

Questo sogno, confidatomi da una amica, può essere un'utile testimonianza. Infatti, ripropone in maniera indipendente, nel linguaggio tipico dei sogni, intuitivo e simbolico, il tema che abbiamo appena trattato.

In sogno mi trovo con alcune persone intorno ad un tavolo molto grande dove c'è un uomo che conduce un gioco.

*Il conduttore ha in mano un foglio dove sono disegnate una stella
e un sole.*

*Davanti a lui ci sono due persone: X e Y. Egli consegna il foglio
ad X e le chiede di osservare la stella e di descrivere ciò che per
lei rappresenta.*

*X parla della stella e alla fine passa il foglio a Y che si trova alla
sua destra.*

Il conduttore chiede ad Y di parlare del sole.

*Y inizia a parlare del sole, e la sua descrizione trasmette a tutti i
presenti emozioni profonde: entusiasmo, calore, gioia e amore.*

*All'improvviso Y viene distratta da una figura che si trova nella
parte posteriore del foglio, ed è un altro sole. Allora sempre
continuando a parlare, volta il foglio e si ispira a quel sole,
facendo tra l'altro notare che lo preferisce a quello precedente.*

*Il conduttore, mantenendo un certo distacco, le volta il foglio e la
invita a riprendere la descrizione iniziale.*

*Y si agita e chiede per quale motivo debba fare una cosa così
insensata visto che si tratta sempre di un sole, e che lei preferisce
l'altro. E così dà il via ad una polemica insistente e spiacevole.*

*Io la interrompo dicendole: "Non ci interessa ora questa
discussione, a noi interessa che tu riprendi a parlare del sole".*

*Noto quanto questa mia frase causi in Y un'agitazione ancora più
grande, al punto che non riesce più a fermarsi e continua, senza
più contenersi, la sua polemica.*

*Nel sogno mi accorgo di essere distaccata e di trovarmi a
riflettere su quanto il meccanismo appena osservato, si manifesti
in ognuno di noi, e di quanto spesso ne rimaniamo vittime.*

*Il conduttore rimane in silenzio, impassibile, e ciò provoca in Y
ulteriore irritazione.*

Di nuovo intervengo dicendole che il conduttore le ha chiesto di parlare del sole, di quello che per lei rappresenta.
Lei aveva incominciato a farlo, mentre ora sta mostrando un altro sole, che non è quello di cui aveva il compito di parlare.
Le suggerisco anche di osservarsi, in quel preciso istante, e di notare quanto è interessante il meccanismo del perdersi in cui tutti frequentemente incorriamo.

Rifletto*: Y ha notato un altro sole e si è riconosciuta in questo, forse perché le ha ricordato un passato felice, o semplicemente perché per lei era più bello.*
Così si è allontanata dal sole iniziale per rivolgersi a quello che ora le piaceva di più, pienamente convinta di potersi esprimere meglio.

In realtà lei si stava già esprimendo in maniera perfetta, in completa sintonia con la profondità del suo sentire, mentre in seguito, entrata nella polemica, aveva cambiato atteggiamento ed era entrata, inconsapevolmente e bruscamente, in un'energia molto lontana sia dal sole iniziale che da quello che le piaceva di più.

Infatti, quando Y riprende a parlare del suo sole, non riesce più a dire nulla e rimane in silenzio: probabilmente è pervasa da un senso di ingiustizia e, non vedendo altro, non riesce più a ricollegarsi col suo sentire profondo.

Ciò che ora la avvolge è una forte energia, ingestibile, che crea dentro di lei un senso di rabbia. Non vorrebbe in nessun modo sentirlo, perché le crea un insopportabile senso di colpa.

Sono tutte emozioni che non riesce a dominare, ma che comunque sono dentro di lei: un semplice gioco è riuscito a rivelarle.

Vista dal di fuori la scena è completamente diversa.

Per un po' Y è stata nel flusso del gioco, seguendo la direzione da lei liberamente scelta.
In seguito qualcosa fuori di sé, grazie ad una debolezza dentro di sé, l'ha distratta, sedotta e portata altrove.
Così si è dimenticata del gioco, della scelta fatta, dei suoi accordi col conduttore e con i compagni di gioco.
In sostanza si è dimenticata di tutto, ma ciò che è veramente importante è che **si è dimenticata di se stessa.**

Quando qualcuno le fa notare che ha perso la direzione, ormai lei ha già prodotto una grande lontananza e non riesce più a sentire e percepire con la stessa modalità di prima.
E poiché l'ha prodotta inconsapevolmente, è convinta che sono stati gli altri ad essersi allontanati da lei.
Ha dimenticato che fino a poco prima era serena e felice perché, mentre parlava di quel sole, era ispirata e in totale collegamento con la propria anima.

Non ha compreso che di null'altro c'era bisogno se non di continuare a dimorare in questo collegamento.

Conclusione

È vero che ci sono tanti soli e che ogni uomo può avere una preferenza, però a volte la vita ci presenta giochi o circostanze, che possono apparire assurdi o ingiusti, ma che servono a *ricordarci l'esistenza della Verità*.

Essa è unica, ma noi non riusciamo ad osservarla nella sua totalità. Infatti, la osserviamo sempre da un punto di vista: il punto dove siamo. Perciò ne vediamo sempre una piccola parte, un frammento. Ciò accade sempre e ad ogni uomo.

Se non possiamo vedere la Verità, ancor meno possiamo pensare di possederla. Eppure molti lo pensano.
Ciò che invece sicuramente possediamo è il nostro punto di vista, la nostra verità, la nostra parziale visione della Verità, ma in nessun modo la Verità stessa. Infatti

la Verità è la visione che include tutto ciò che esiste

È sufficiente che la visione escluda una sola cosa per non essere più la Verità, ma un punto di vista, ampio fin che si vuole, ma sempre e soltanto un punto di vista.

**La Verità che include tutto ciò che è,
non può essere contenuta nella mente umana.**

L'illimitato non può essere contenuto nel limite.

Il limite può però essere continuamente superato e spostato in avanti in modo tale che il nostro punto di vista, diventando sempre più inclusivo, si avvicini alla Verità sempre di più.

Non dovremmo, quindi, mai ritenere il nostro punto di vista, la Verità.

Compiere questo errore crea una grande quantità di conflitti con i nostri simili e con noi stessi. Infatti, entrando in contatto col punto di vista di altri esseri umani, ci sentiamo in disaccordo ed essi diventano per noi nemici in quanto negatori della Verità.

Sono nemici esterni, ma l'errore descritto produce anche nemici interni. Infatti, il nostro punto di vista non è costante ma mutevole, cosicché ci sentiamo in disaccordo con i punti di vista che abbiamo assunto in passato o che assumiamo in circostanze diverse.

E così
l'idea che la Verità possa essere posseduta,
produce la divisione fra gli uomini
e dentro ogni uomo

Possiamo concludere che

ogni punto di vista è vero
ma non è la Verità

Guardando le cose e gli eventi del mondo potremmo dire

non esiste nessuna Verità

In questo modo, il concetto è espresso in maniera negativa, ma può essere riformulato in termini affermativi, e quindi operativamente più utili, dicendo

tutto ciò che esiste è verità

Una buona similitudine è quella che paragona la Verità a un diamante.

Il diamante ha molte facce che però non possono essere viste tutte contemporaneamente.

Da ogni angolazione è possibile ottenere un punto di vista, vedere una sfaccettatura.

Qualunque sia la sfaccettatura che stiamo osservando, ciò che vediamo è sì il diamante, ma non tutto il diamante.

La visione dell'intero diamante può essere ricostruita unendo le visioni di tutte le sfaccettature.

La nostra partecipazione al gioco della vita richiede quindi di

- **compiere le attività che ci consentono di condividere il nostro punto di vista con gli altri**

- **sviluppare la ricettività che ci permette di accogliere e fare nostri i punti di vista degli altri**

- **produrre la comprensione che è la capacità di fare la sintesi dei punti vista fondendoli in un'unica visione. Essa, ampliandosi nel tempo, si avvicina sempre di più alla visione globale, cioè alla Verità.**

Capitolo 8

Imparare dai sogni

Imparare dai sogni

È possibile imparare dai sogni?

L'uomo moderno attribuisce ai sogni un'importanza modesta. Vede in essi fantasie, a volte divertenti a volte inquietanti, che però hanno sempre scarsa attinenza con la realtà.
Il fatto stesso che nel sogno avvengano cose impossibili non è letto come stimolo ad esplorare nuove vie, ma come ulteriore conferma della loro irrealtà.

L'interesse per il sogno sorge quando, seguendo la tradizione popolare, gli si attribuisce la capacità di scongiurare disgrazie, attirare la fortuna, realizzare vincite.

Nel quotidiano, il sogno resta povero di utilità e significato: lo si ricorda per un attimo al momento del risveglio, ma poi la vita procede senza tenerne conto e così lo si dimentica definitivamente.

Le scienze si sono occupate del sogno cercando di indagarne gli aspetti psichici e fisiologici.
Le conoscenze ottenute sono importanti e le teorie elaborate numerose, tuttavia, per loro natura, riguardano più la funzione che il significato, e quindi ci aiutano ben poco a dare risposta alla nostra domanda.
La convinzione che i sogni siano elaborazioni fantastiche, prive di utilità pratica, nasce nell'antica Roma a causa del carattere fortemente pragmatico della cultura del tempo, che inoltre

tendeva a vedere nei sogni, e un po' in tutto ciò che era astratto, una minaccia per l'impero.

In tempi più antichi o in altre aree geografiche, al contrario, si attribuiva grande importanza al sogno che aveva un posto d'onore nell'arte, nelle leggende, nei miti e nelle religioni.

Il sogno a volte conteneva la premonizione di eventi futuri, altre volte era interpretato come incontro coi defunti, con gli antenati, o con gli dei che, in quel modo, manifestavano agli uomini, la propria volontà.

Nella Bibbia l'importanza dei sogni è grandissima e spesso sono gli angeli ad entrare in contatto con l'uomo.

Particolarmente significative le due apparizioni in sogno a Giuseppe: la prima volta per esortarlo a non temere di prendere in moglie Maria, la seconda per ordinargli di fuggire in Egitto con la sposa e il bambino.

Moltissimi sono i casi di artisti e scienziati che dichiarano di aver sognato le loro opere o le loro scoperte.
Lo scrittore R.L. Stevenson vide in sogno il suo famoso romanzo: *Lo strano caso del dottor Jekyll e del signor Hyde*.

Schumann e Wagner ebbero in sogno le intuizioni e le idee musicali da cui nacquero alcune loro composizioni.
Lo scienziato russo D. Mendeleev contemplò in sogno la sua celebre *tavola periodica degli elementi*.

Non citeremo altri esempi, dato che l'elenco di sogni importanti di cui esiste testimonianza nella storia è immenso. Le fonti non mancano e chi volesse approfondire può farlo facilmente.

Osserviamo solo che dalle testimonianze emerge l'idea che vi siano sogni capaci di imprimere una direzione nuova e inaspettata a situazioni individuali, collettive e addirittura alla storia.
Molti sogni forniscono indicazioni provvidenziali in situazioni di pericolo, altri aprono porte solitamente chiuse, altri ancora aiutano a concepire l'inconcepibile.

Nel Talmud ebraico si afferma che ***non interpretare un sogno è come non leggere una lettera importante a noi indirizzata.***

Nel libro *Il profeta* dello scrittore libanese K.Gibran leggiamo: ***fidatevi dei sogni perché in essi si cela la porta dell'eterno.***

Si tratta di affermazioni significative che vedono nel sogno qualcosa di prezioso e gli attribuiscono un ruolo centrale nell'esistenza umana. Rimangono però sterili se restano confinate nell'ambito della teoria e della cultura, lasciando che il sogno resti praticamente inutilizzato.
È invece importante riuscire a dar loro un significato esistenziale, concreto e operativo, in modo che ogni sogno si trasformi in una tangibile opportunità per la nostra vita.

La stessa considerazione si applica a qualunque risposta dessimo alla nostra domanda iniziale.

Come verificarla in modo che si carichi di un significato reale, non solo teorico, ma utile alla vita?
Come evitare che sia solo una conoscenza che produce altra conoscenza, un sapere il cui valore nasce nel mondo del sapere e si conclude sempre e soltanto in quel mondo?

Quando una conoscenza si esaurisce all'ottica della conoscenza, è morta.

Se però viene verificata e vivificata dall'esperienza, allora vive e diventa capace di stimolare e generare nuove conoscenze ed esperienze.

È opportuno quindi che la nostra domanda, astratta e generale, diventi diretta, pratica e personale in modo da esigere una risposta esperienziale.

La riformuleremo così:

Posso io imparare dai miei sogni?

Se incomincio a farlo e lo faccio intenzionalmente, ripetutamente e costantemente, allora, e solo allora, posso dare una risposta affermativa.

La risposta ottenuta

è vera per me ed è vera nella mia vita:
è la mia verità
perché è un punto di vista da me sperimentato

Una volta verificato che io imparo dai sogni, sono autorizzato a concludere che è possibile imparare dai sogni.
Anche questa conclusione è però esclusivamente mia: vale per me e non per altri.

Non è una precisazione inutile perché, nell'uomo, la tentazione di assolutizzare la propria esperienza è molto forte ed è la causa di innumerevoli forme di violenza.

È importante non cadere nell'errore di **considerare Verità** ciò che è semplicemente **la mia verità.**

Se lo facessi, sarei costretto a considerare **nemici della Verità** tutti coloro che non hanno vissuto la mia esperienza e dovrei intraprendere e **combattere una crociata in nome della Verità.**

Se un altro ritiene di aver fatto sua la mia verità, si inganna perché ciò di cui si è impossessato non è la mia verità, ma soltanto la teoria che ne è all'origine.

Per trasformare questa teoria in una sua verità deve, anch'egli, compiere un proprio cammino di esperienza e di verifica.

Nelle prossime pagine, mi propongo di mostrare il cammino da me seguito per rispondere alla domanda: Posso io imparare dai miei sogni?

Esso costituisce solo un esempio. Altri possono trarne ispirazione per un loro percorso che potrà avere modalità anche molto diverse e, forse qualche aspetto in comune.

La ricerca sperimentale di una risposta a questa domanda si è per me svolta, e si svolge tuttora, in tre fasi:

Fotografare il sogno,
Ricordare, collegare e interpretare
Scoprire il significato

Fotografare il sogno

Se il sogno viene dimenticato, difficilmente potrà essere recuperato. Infatti, anche se in seguito ritorna alla mente, moltissimo viene perduto.
Il primo obbiettivo è quello di fotografare il sogno, cioè fissarlo, conservarlo e preservarlo nella sua integrità. Il ricordo è vivido al momento del risveglio, dopodiché degrada rapidissimamente.
Per questo è importante tenere sul comodino un taccuino o un registratore e, appena svegli, prima di compiere qualunque altra azione, scrivere o registrare.
All'inizio è facile dimenticarsi e permettere che l'attenzione si rivolga automaticamente ad altro, ma in seguito, con l'abitudine, diventerà sempre più facile evitarlo.
Il sogno va descritto nel modo più fedele possibile, resistendo alla tentazione di riassumere o di scartare particolari che sembrano irrilevanti.
In questa fase non deve essere interpretato, ma solo fissato con la massima precisione.
Se è stata eseguita una registrazione audio è importante, quanto prima, trascriverla.
Una ragione risiede nel fatto che, scrivendo, si acquista maggior consapevolezza dei contenuti, un'altra è che il documento scritto sarà un valido strumento di lavoro.

Ricordare, collegare e interpretare

È utile portare il documento con sé durante la giornata in modo da avere la possibilità di rileggerlo.
Come minimo dovrà essere riletto la sera, subito prima di addormentarsi.

Durante la lettura potranno venire alla luce particolari nuovi, oppure emergere collegamenti con altri sogni o fatti reali della vita più o meno recenti, talvolta addirittura dimenticati da tempo.
A un certo punto sopraggiungeranno intuizioni sul significato di certi particolari: sono interpretazioni frammentarie che si amplieranno progressivamente.

Ciò dimostra che il sogno, nell'inconscio, vive una sua vita e ha una maturazione, uno svelarsi progressivo, che è tanto più veloce quanto maggiore è l'attenzione che riceve durante le nostre riflessioni quotidiane.

Nel tempo si assisterà al nascere di una o più interpretazioni dell'intero sogno.
Tutto ciò che emerge va aggiunto fedelmente al documento.
Quando rileggeremo lo scritto in momenti diversi, vedremo le nostre interpretazioni cambiare, svincolarsi dai condizionamenti delle credenze, affinarsi, acquisire libertà e unirsi insieme.

Scoprire il significato

Le interpretazioni, fondendosi e perfezionandosi, arriveranno a formare un tutto organico molto esplicito e molto essenziale.
Quando esso costituisce

**un messaggio che parla profondamente di noi
e che sentiamo con tutto il nostro essere,
abbiamo scoperto il significato del sogno**

Non è certamente un significato immutabile, ma un significato attuale che ci mostra esattamente la nostra posizione e il nostro orientamento nella vita.

Ci fa diventare consapevoli del luogo verso cui stiamo andando e ci chiede se è lì che vogliamo veramente andare.

Del resto è questa la **funzione del sogno**:

**richiamarci a noi stessi,
mostrarci gli scenari possibili per la nostra vita,
mettendoci di fronte alla possibilità
della scelta e del cambiamento.**

In sostanza il sogno ha uno scopo evolutivo e liberatorio perché ci spinge verso scelte di vita consapevoli.

Il resoconto delle tre fasi descritte costituisce un documento, a cui potremo dare un nome che lo individui e lo renda disponibile in momenti successivi della nostra vita.

I documenti relativi a vari sogni potranno essere raccolti in un *diario dei sogni* che si rivelerà prezioso.

Allo scopo di dare un esempio della modalità di lavoro illustrata, ho prelevato dal mio *diario dei sogni* il documento dal titolo *Rinascita* che riporto nel seguito.

Siccome si riferisce ad un lavoro durato alcune settimane, è stato riassunto nelle sue fasi essenziali, trascurando la cronologia e tutti i passaggi intermedi.

Rinascita

Fotografare il sogno

È domenica mattina e sono le ore 7. Queste osservazioni sono la fotografia di un sogno molto chiaro appena avvenuto.

Nel sogno incontro un ragazzo che suona la chitarra e mi chiede dei consigli per diventare un chitarrista jazz.
L'impressione che mi da è molto buona, tuttavia il dialogo con lui si rivela, fin dall'inizio, piuttosto difficile. Sembra immerso nel suo mondo: un mondo con poche aperture, caratterizzato da emotività e da uno stato di irrequietezza e di tristezza.

Vi è un cambio di scena. Sono seduto al tavolo di una sala riunioni.
Di fronte a me siede il ragazzo mentre ai lati ci sono altre persone, dodici per la precisione. Siamo lì riuniti per affrontare il problema del ragazzo e dare risposta alle sue richieste.
Egli esordisce con una domanda confusa, riguardante dettagli di scarsa importanza.

Incomincio a rispondergli con l'intento di costruire un percorso ampio, che colleghi i vari aspetti della questione proposta, per arrivare poi al cuore della domanda e quindi elaborare con lui una risposta.
Ho detto solo alcune parole quando mi interrompe con un'altra domanda, confusa come la precedente e altrettanto irrilevante.
Mi sembra che abbia una certa irrequietezza, un disturbo dell'attenzione e una grande difficoltà di ascolto.

Gli astanti sono perplessi e un po' incuriositi: è chiaro per tutti che così non si va da nessuna parte.

Gli chiedo se si sente in grado di ascoltarmi in silenzio per un certo tempo, seguendomi con attenzione, anche quando gli sembra che ciò che dico non ha relazione con ciò che lui vuole sapere.
Mi risponde affermativamente e, in effetti, rispetta l'impegno.

Incomincio parlando dell'importanza della chiarezza, della sua natura e di come ottenerla. Proseguo parlando dell'efficienza e del valore che la chiarezza conferisce alle nostre azioni e del fatto che uno scopo chiaro e stabile imprime una direzione al nostro fare, lo valorizza e produce un solido orientamento della vita.

Dopo aver sviluppato questi temi diffusamente, concludo sostenendo la necessità di arrivare ad elaborare un programma di azioni chiare, concrete, ben dettagliate e pianificate, anche se, ovviamente, sempre modificabili.

Alla fine mi sembra che la spiegazione sia stata efficace, forse perché si è svolta in modo da non far mai ricorso allo strumento della negazione.

Infatti, è partita da un piano molto astratto, dopodiché ha raccolto quanti più aspetti possibili, assegnando a ciascuno la sua collocazione, riconoscendone il valore e il significato.

È poi scesa più volte di livello in livello entrando sempre più nella concretezza.

Ogni difficoltà di comprensione o disaccordo, espressa dalle persone, è stata accolta e rielaborata grazie a riferimenti appropriati e semplici esempi.

Al termine si percepisce

**una totale sintonia del gruppo dei presenti,
come un'unica vibrazione
mentre una grande armonia regna nell'ambiente**

Ciò mi consente di raccogliere i contribuiti, le idee e le proposte individuali. Il tutto avviene in pace e nelle più grande serenità poiché

**nessuno sente di dover dimostrare nulla a nessuno
e non esiste il bisogno di prevalere sugli altri**

È la conseguenza del fatto che tutti, in maniera totale e prioritaria, hanno sposato lo scopo di aiutare il ragazzo cosicché

**qualunque paura, insicurezza o giudizio
è scomparsa perché sentita come irrilevante**

Questa situazione rende possibile l'elaborazione di un programma molto pratico e concreto, totalmente elaborato e condiviso dai presenti.

Esso conferisce solidità, concretezza e realtà a tutto il lavoro fatto.

Conclusa la stesura del programma, all'improvviso e inaspettatamente, si produce

**un lungo silenzio, molto ricco e intenso,
un senso di intesa e condivisione, di unione e di integrità
come se tutti insieme costituissimo un'unica persona**

È chiaro per tutti che si è creato un punto di partenza e che siamo all'inizio di una nuova possibilità, un nuovo cammino.
A questo punto mi sveglio.

Ricordare, collegare e interpretare

Nei giorni e nelle settimane successive mi è diventato via via sempre più chiaro che i due protagonisti del sogno rappresentavano me stesso:
il ragazzo, la mia parte confusa immersa nel quotidiano e nel flusso della vita e l'altro, la parte matura, più collegata al vero significato delle cose.

Un passaggio importante, avvenuto dopo molti giorni, è stato quando è emersa la consapevolezza di come una parte può guidare l'altra e cioè del fatto che

noi possiamo essere i maestri di noi stessi

Ovviamente la musica simboleggiava la vita e il suonare la chitarra jazz rappresentava uno degli infiniti modi di viverla.

In sostanza il suggerimento del sogno era quello di insegnare a me stesso per la mia vita quello che nel sogno avevo insegnato al ragazzo per la musica.
Come non accogliere questo suggerimento?

Nel sogno avevo suggerito al ragazzo:

Esamina la tua condizione, il tuo stato e le attitudini che applichi nel tuo vivere. Chiediti: andare avanti così dove porta?

Poniti la domanda essenziale: qual è il mio scopo? Cos'è veramente importante per me?

Produci un cammino per trasformare la tua condizione e farla tornare in armonia con lo scopo, per spostare la tua vita da dove è a dove vorresti che fosse.

Scoprire il significato

Dopo un tempo piuttosto lungo sono emerse, con chiarezza, da dentro di me le risposte ai suggerimenti del sogno.

Esamina la tua condizione, il tuo stato e le attitudini che applichi nel tuo vivere. Chiediti: andare avanti così dove porta?

La mia è una condizione di parziale disorientamento in cui spesso perdo la presenza e mi dimentico di me.
È questo uno stato di debolezza che mi fa a volte cadere in un profondo disappunto per ciò che accade nel mondo e per la sofferenza che vedo, ovunque, sempre di più, anche in persone vicine. Tutto ciò apre la strada a momenti di tristezza e ad emozioni e pensieri negativi. In questo modo spesso le azioni diventano inconcludenti e il tempo scorre in maniera improduttiva.
È una falla nella mia integrità che potrebbe aprire, ancor di più, la via al negativo e indebolirmi ulteriormente.
All'origine di questo stato sta il fatto che, per vari episodi, mi sono sentito profondamente e violentemente colpito in alcuni dei beni più importanti della mia vita. Non sono riuscito ad evitare di vivere il tutto come una ingiustizia, alimentando nel contempo le preoccupazioni per il futuro.

Si tratta di attitudini dannose che invece di aiutare a comprendere i problemi contribuiscono ad aggravarli. Fanno parte di quegli atteggiamenti vittimistici che sembrano amorevoli, mentre in realtà non lo sono. Infatti, ci rendono deboli e bisognosi e quindi incapaci di dare sostegno.

Come può dare sostegno una persona che pensa a sé stessa come colei che ha bisogno di riceverlo?

**L'amore vero ci spinge a risorgere,
perché solo così possiamo essere utili a chi amiamo.**

In questo modo sostenendo l'altro sosteniamo noi stessi e aiutando noi stessi diventiamo ancora più capaci di aiutare l'altro. Ciò significa che

**più grande è il nostro amore,
più grande deve essere la nostra forza**

Altro aspetto del mio stato attuale è che pur essendo in questa condizione che potrei definire parzialmente passiva, le intuizioni e le percezioni sottili non sono minimamente diminuite.
Ciò significa che, poiché non vengono sufficientemente trasformate in realtà, accade che la mia struttura ne risulta intasata.

Chiediti: Andare avanti così dove porta?
La risposta è semplice e precisa: porta a sprofondare sempre più nel pantano della tristezza e dell'impotenza.

Poniti la domanda essenziale: qual è il mio scopo? Cos'è veramente importante per me?

160

Il mio scopo è il Bene. Il mio bene, il bene della mia famiglia, il bene di coloro che mi circondano, il bene di tutti.

L'aspirazione ad un bene così vasto da includere tutti, non può essere coltivata se non in collegamento con la fonte stessa del bene. A questa fonte solitamente viene dato il nome Dio.

Lo scopo è quindi vivere in contatto con Dio nell'ottica del bene comune.

In termini pratici: essere al servizio della vita e del bene comune.

Produci un cammino per trasformare la tua condizione e farla tornare in armonia con lo scopo, per spostare la tua vita da dove è a dove vorresti che fosse.

Il cammino consiste nell'abbandonare i pensieri di non accettazione, egocentrici e vittimistici e sostituirli con pensieri sempre costruttivi e perennemente orientati al bene comune.

Sono pensieri che spostano il baricentro del vivere dall'io al noi perché riconoscono la presenza di una intelligenza superiore che guida la vita. In questo modo, ogni paura svanisce, il dramma individuale perde di significato e l'unica cosa che importa è occupare al meglio il proprio posto nel mondo.

È un posto che prevede, verticalmente il collegamento con l'Alto, e orizzontalmente, il collegamento con gli altri.

Scegliere questo cammino e seguirlo con perseveranza significa rinascere. Infatti trasforma la mia attuale condizione e la fa tornare in armonia con lo scopo del bene comune cui profondamente aspiro.

La scelta che compio ora, esattamente in questo istante, in maniera totale e senza ripensamenti, per me stesso e per coloro che amo, si chiama

Rinascita

Capitolo 9

Lettera a un diavoletto che abita dentro di me

Lettera a un diavoletto che abita dentro di me

Caro amico,

ti sei rifugiato in una piega nascosta del mio essere, sulla superficie di ciò che io sono, e lì ti sei creato una realtà fatta di buio, freddo e solitudine.

Hai costruito un inferno chiuso e senza speranza, ma delimitato e conosciuto e quindi, secondo te, sicuro.

Lo hai preferito a un paradiso senza limiti per vivere nel quale era necessario esporsi a un amore così grande e inconcepibile da non poterne neppure vedere i confini.

Voglio che tu sappia che io non sono diverso da te.

All'Intelligenza sconosciuta e amorevole, che molti uomini chiamano Vita, e altri chiamano Dio, ho preferito, nella paura, una piccola identità, un ruolo, una casa e una storia sulla superficie della creatura che risponde al nome di Terra.

Come vedi siamo fratelli, e come io non sono un ospite indesiderato su questo pianeta vivente, tu non lo sei in me.

Non sei una minaccia per la mia anima poiché

la superficie mortale
non ha potere sul centro immortale

Tuttavia devo ammettere che la tua presenza mi ha creato non poche difficoltà.

Infatti tu sei il ***rifiuto*** *dentro di me*, da cui nasce ogni mio ***"no"*** *detto alla vita.*

Tu sei il Grande Limite da cui originano tutti i limiti

Sei all'origine di ogni mia paura, incapacità, sfiducia, inadeguatezza, ignoranza, vittimismo, lamento, meschinità, doppiezza, ipocrisia, falsità, divisione, tradimento, inimicizia, guerra…

In una sola parola, sei ***l'oscurità*** dentro di me.

Le difficoltà che ho vissuto nella mia esistenza sono le manifestazioni visibili e concrete della tua presenza e dei limiti che la tua negazione del vivere continuamente mi impone.

I limiti sono i confini che racchiudono
la nostra ricchezza inutilizzata,

sono *schemi di sopravvivenza* che, generati dalla paura, *bloccano e incapsulano grandi quantità di energia vitale.*

Allorché il limite si dissolve, il guscio si rompe, e l'energia dell'amore fluisce libera. La vita riprende a scorrere.

È a spese dei limiti che la coscienza si evolve.

I limiti sono quindi preziosi, perché contengono le potenzialità. Esistono per essere trascesi e non per essere combattuti.

È nel trascenderli che si amplia la coscienza e si realizza la possibilità di rinascere continuamente.

Che varrebbe la vita senza limiti?

Senza limiti non vi sarebbero coraggio, slancio, sfide, passioni, avventure.

Tutto ciò mi consente di riconoscere che le difficoltà che tu mi hai creato nel tempo, sono state per me le più grandi possibilità di apprendimento, le lezioni più preziose.

Per questo, ora vedo in te, non più un pericolo o un ostacolo, ma un fratello e soprattutto uno splendido maestro.

Ora, Maestro, vorrei parlarti del nostro futuro.

Grazie a te, ho potuto crescere e le difficoltà che mi hai posto di fronte e con cui mi hai misurato, mi hanno addestrato, scardinando alcuni dei miei limiti e trasformando molte delle mie paure.

Ho iniziato a conoscere l'apertura, l'accettazione, la compassione e l'amore.

È attraverso la nuova apertura che fiotti di luce caldi e luminosi hanno incominciato a raggiungermi.

Ora, sempre più frequentemente, riescono a penetrare al mio interno e a raggiungere il centro ove stanno formando un sole interiore che irradia verso la superficie.
Devo allora comunicarti che, nell'angolino buio e gelido che hai scelto come dimora,

**farà presto molto caldo
e la luce diventerà molto intensa**

Come vedi il tuo rifiuto della vita producendo le mie difficoltà, ha creato la mia apertura.
Tramite quell'apertura si è prodotto il contatto con la luce che ora si presenta a te come tua difficoltà.

**Un grande maestro
è colui che sa trasformarsi
in allievo del suo allievo**

Tu lo sei sicuramente, e allora, ti propongo di scambiarci i ruoli.

Ora, come tuo maestro vorrei dirti che sei di fronte a un bivio.

Puoi trasformarti per ricevere la luce, e allora resteremo uniti e continueremo insieme il nostro cammino, oppure puoi insistere nel tuo rifiuto.

In quest'ultimo caso l'atmosfera calda e luminosa, diventerà ben presto intensa e soffocante. Non sopportandola, sceglierai di andartene.

È duro vedere il proprio maestro allontanarsi!

La partenza del maestro è il suo ultimo e più grande insegnamento, quello che ci dice che siamo pronti a camminare con le nostre gambe.

Però, maestro, sappiamo entrambi che non è un distacco definitivo.

Un giorno, non so quanto lontano, trasformati, ci riconosceremo pienamente e reciprocamente. Comprenderemo di essere l'uno l'esatto complemento dell'altro: due mondi assolutamente speculari che solo nella totale unione e fusione scoprono il loro significato e incontrano il loro destino. Così

ci ritroveremo,

anime gemelle,

davanti a una porta stretta,

pronti a varcarne la Soglia

insieme

Capitolo 10

Il signor X
e
la scacchiera

Il signor X
e
la scacchiera

Chi è il signor X nessuno lo sa, e non lo sa neppure lui, però vorrebbe tanto saperlo.
Spesso contempla la sua immagine allo specchio e chiede:

Chi sei? Chi sono io? Chi è questo X?

$X = \ldots$?

È l'equazione della sua vita ed egli è fermamente deciso a risolverla.

Appena venuto sulla terra, X cominciò a guardarsi intorno e a muoversi seguendo la curiosità.

Le sue esplorazioni lo portarono a scoprire un mondo popolato da innumerevoli creature, nessuna delle quali era uguale all'altra. Ognuna viveva all'interno di un quadratino e quello era per lei il suo universo, il suo tutto.

Tutti i quadratini formavano una grande scacchiera.

X desiderava entrare in relazione con quegli esseri così diversi da lui, alcuni dei quali erano ragazze, e per di più, bellissime.
Come sarebbe stato bello incontrarle, vivere la loro vita, fondersi con esse!

Questa grandiosa prospettiva, per l'immensa libertà e felicità che prometteva, lo spaventò.

Per la paura, la sua mente si ritrasse e incominciò a formulare pensieri piccoli, piccoli: ***pensieri di rifiuto e di negazione***.

Nei giorni successivi, ogni volta che pensò a quegli esseri meravigliosi, li considerò una realtà lontana e irraggiungibile, una realtà da cui si sentiva separato e di cui, forse, non si riteneva neppure degno.

In seguito non ci pensò più.

Interiormente, però, si sentiva privato di qualcosa.
Era orfano e infelice.

Così contemplò la sua infelicità e cercò di comprenderla.

Fu un magico inizio perché, grazie a questo desiderio di conoscersi, mille altri aspetti di sé incominciarono a emergere.

Da allora, molte verità affioravano ogni giorno, ma una lo colpì con la chiarezza di un lampo:

anch'egli viveva in un quadratino

Quel quadratino era il suo mondo, la sua realtà, la sua ricchezza, ma anche la sua povertà e la sua prigione.

Un'intuizione lo raggiunse con forza:

**per entrare in un altro mondo
bisogna uscire dal proprio**

Così incomincio a immaginare dei percorsi che andavano dal suo quadratino a quello delle creature che più gli interessavano.
Per molto tempo si divertì a progettare e sognare viaggi di ogni genere, ma poi, alla fine, la cosa diventò noiosa e sterile.

Un giorno, però, si accorse con stupore che, stava camminando, da molte ore, in un territorio sconosciuto.
Non era nel suo quadratino e non si vedeva anima viva:

***era nella terra di nessuno*!**

Non ebbe paura e proseguì, tanta era la curiosità.
A sera tornò a casa stanco e felice:

aveva compiuto il suo primo viaggio

Una sola parola inondava la sua mente:

Esperienza!

Da quel giorno, visse ogni viaggio che sognò.

Scoprì che amava gli incontri, e che l'amore, fluendo da un essere all'altro, crea la vita.

Comprese che la scacchiera è la vita universale, e i quadratini sono le piccole vite individuali.

Seppe che egli era nato per la scacchiera, e non per il quadratino, poiché, fermarsi in un quadratino, significava escludere la vita mentre egli voleva includerla totalmente.

Viaggiò e viaggiò; fece innumerevoli incontri e visse tante storie d'amore e, gradualmente, incominciò ad accorgersi che

**ogni esperienza accresceva in lui
l'amore per la scacchiera**

Man mano che quest'amore cresceva, egli vedeva

la paura scomparire e la saggezza fiorire

finché, un giorno indimenticabile, si ricordò chi era:

egli era il costruttore della scacchiera!

Ricordò così il significato profondo della vita.

Per scoprirlo era venuto al mondo, aveva accettato sfide e sofferenze, aveva viaggiato, ricercato, lottato e sperimentato incessantemente.

Quel significato era l'amore: *l'amore per ogni cosa e per chiunque, per tutto ciò che è, per quell'esistenza universale, sconosciuta e senza limiti, che molti uomini chiamano la Vita e molti altri chiamano Dio.*

Si rese contò, per la prima volta, che ***universo*** significa ***rivolto verso l'Uno*** perché è come una freccia che punta eternamente verso quel ***Tutto-Uno*** che è l'inizio e la causa ma anche la fine e il fine di ogni cosa.

Si accorse che l'amore che usciva da lui e andava verso l'Uno,

*ritornava dall'Uno verso di lui
sotto forma di amore per se stesso*

In quell'istante, improvvisamente,

si sentì profondamente amato

L'equazione, finalmente, era risolta:

$$X = Amato$$

Conclusione

Questa è la storia della mia vita, ma è la storia di ogni vita poiché le infinite vite individuali sono un'unica vita universale.

L'equazione è sempre la stessa, ma per ognuno la soluzione è diversa.

Ogni uomo può trovare il valore della x che risolve l'equazione della sua vita e gli permette di riconoscersi e riconoscere il significato e il senso del suo esistere.

Indice

Nella stessa collana:

Essenzialità

Mille Pensieri di Libertà

Le leggi di funzionamento

Lo stratega

Incontri vol.1

Incontri vol.2

Incontri vol.3

Finito di stampare nel mese di Novembre 2014
per conto di Youcanprint *Self - Publishing*

www.ingramcontent.com/pod-product-compliance
Lightning Source LLC
LaVergne TN
LVHW010332200726
843507LV00010B/1447